.

Ruth Huber

Gestrandete Engel

Ein Leitfaden für alle, die das irdische Leben
verwirrend finden

www.tredition.de

Bibliografische Information der Deutschen Nationalbibliothek
Die Deutsche Nationalbibliothek verzeichnet diese Publikation in der Deutschen Nationalbibliografie; detaillierte bibliografische Daten sind im Internet über http://dnb.d-nb.de abrufbar.

3., überarbeite und erweiterte Auflage 2021
© 2014 Ruth Huber
Umschlaggestaltung: Fyra
Lektorat: Tina Ackermann, Waltraud Wacht
Verlag und Druck:
tredition GmbH, Halenreie 40–44, 22359 Hamburg

ISBN
Paperback: 978-3-347-40839-5
Hardcover:978-3-347-40840-1
E-Book: 978-3-347-40841-8

INHALT

EINLEITUNG

Das Anliegen dieses Buch ist es, *gestrandeten Engeln* einen Leitfaden zu bieten, der ihnen das Dasein auf der Erde erklärt und ihnen die Fähigkeit gibt, sich hier zurechtzufinden.

Gestrandete Engel sind all jene Menschen oder Wesen, denen die geistige Welt vertrauter ist als das irdische Leben. Wesen, die vielleicht gerade einmal eine oder zwei Inkarnationen hinter sich haben oder gar das erste Mal in einem biologischen Körper inkarniert sind. Wesen also, denen es schwerfällt, die irdischen Regeln zu verstehen.

Die Begriffe *Engel* und *Himmel* verwende ich symbolhaft zum einfacheren Verständnis. Mit *Himmel* sind die spirituellen Ebenen gemeint im Gegensatz zu den astralen Ebenen. Als E*ngel* bezeichne ich *freie spirituelle Wesen.*

Es ist mir wichtig, zu betonen, dass wir alle einst freie spirituelle Wesen waren. Die Frage ist, wie stark wir noch in Kontakt mit dem *Himmel* sind, ob wir die spirituellen Qualitäten bewahren konnten. Irdische Inkarnationen können sehr herausfordernd sein. Klimatische Faktoren erschweren das Überleben. Es gibt Unterdrückung, Kriege, Unfälle, Verbrechen, Krankheiten, Liebeskummer und Eifersucht. All dies kann uns ganz schön ins Trudeln bringen.

Die irdischen Herausforderungen führen dazu, dass das Bewusstsein während der Inkarnationen meist verdichtet. Enttäuschungen, Verletzungen, Verluste, Ungerechtigkeiten nagen an uns und die Emotionen vergröbern sich angesichts der harten Wirklichkeit auf der Erde. Bald werden Ideen von spiritueller Freiheit, Vollendung, Erleuchtung, – wie auch immer man das nennen will – zur reinen Fiktion erklärt.

Die zahllosen Menschen, die darum ringen, mit ihrem Leben irgendwie zurechtzukommen, mögen sich von Zeit zu Zeit fragen, was eigentlich der Sinn der ganzen Sache sei … Viele jedoch fragen sich das gar nicht mehr, sondern fokussieren sich auf den Wahnsinn des täglichen Überlebenskampfs.

Mit meinem Buch »Gestrandete Engel« möchte ich allen Neuankömmlingen in einem biologischen Körper einen Leitfaden für ihren irdischen Weg mitgeben, der ihnen helfen soll, die Spielregeln dieser Welt rascher und besser zu verstehen. Ich hoffe, allen *gestrandeten Engeln* damit das Leben etwas erleichtern zu können.

Spiritualität ist nicht von dieser Welt. Die Erde ist nicht der *Himmel* und wird es nie sein. Wer die Zusammenhänge versteht, wird es einfacher haben. Weitere detailliertere Beschreibungen sowie grundlegendes Wissen zu diesem Themenbereich enthalten meine Bücher: »Rückerinnerung« (2014, Erstauflage 2002), »Erleuchtung ist erreichbar« (2013) und »Spiritualität« (2020). In meinem ersten Buch »Rückerinnerung« erläutere ich beispielsweise im Detail, wie sich Wesen aus der Vollkommenheit kommend, Schritt für Schritt verdichten, um danach zu inkarnieren. Ich zeige auch auf, wie sie wieder zur spirituellen Freiheit gelangen können bzw., welche astralen Sackgassen dies verhindern.

Anmerkung: Ich hoffe, du, liebe Leserin, lieber Leser, hast Verständnis dafür, dass ich in diesem Buch im Sinne der Lesbarkeit lediglich die männliche Sprachform verwende. Die Du-Anrede gebrauche ich in diesem Buch, weil es die Distanz überbrückt, die normalerweise zwischen dem Leser und dem Autor besteht.

PERSÖNLICHES, ASTRALES, SPIRITUELLES

Bereits 2002 legte ich in der ersten Auflage von »Rückerinnerung« (2014) eine umfassende Beschreibung der persönlichen, astralen und spirituellen Ebenen in leicht verständlicher Form dar. Mein *Stufenmodell geistiger Entwicklung*, wie in Abbildung 1 und 2 dargestellt, zeigt die Ebenen des Bewusstseins im Überblick und integriert das Chakra-System. Jedes der persönl*ichen* Chakren von 1 bis 6 hat ein Äquivalent im geistigen Raum. Chakra 1 entspricht Region 7, Chakra 2 entspricht Region 8 und so fort. Chakra 7 ordne ich bereits der Astralwelt zu.

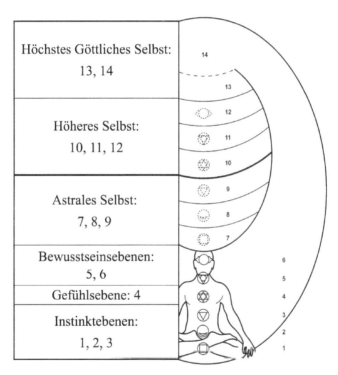

Abbildung 1. Gliederung in persönliche, astrale und spirituelle Ebenen nach dem Stufenmodell geistiger Entwicklung (Huber, 2002, 2021).

14	Einheit, Quelle, das Numinose, Namenlose
13	Vollkommene Ausrichtung auf die Quelle
12	Umfassende Wahrnehmung
11	Unbeschwertes Spiel mit Klängen, Farben und Bewegung
10	Bedingungslose Liebe, Mitgefühl
9	Illusion: größte Macht und Herrlichkeit
8	Sexuelle Polarität, astrale Symbiose
7	Tiefste astrale Illusionswelt, Programme
6	Sitz des Bewusstseins, Pforte
5	Klare Wahrnehmung, Kommunikation
4	Mitgefühl, Geben und Nehmen
3	Emotionale Durchsetzung, Abgrenzung
2	Sehnsucht nach Symbiose, Sexualität
1	Überleben, Existenzsicherung

Abbildung 2. Bewusstseinsqualitäten der persönlichen, astralen und spirituellen Ebenen nach dem Stufenmodell geistiger Entwicklung (Huber, 2002, 2021).

Die im *Stufenmodell geistiger Entwicklung* gezeigte Gliederung in Persönliches, Astrales und Spirituelles (Abbildungen 1 und 2) hat sich als Orientierungshilfe für die geistige Arbeit in Schulungen und Sitzungen bewährt.

Sobald verwirrende oder schwer fassbare Erlebnisse oder Gefühle den entsprechenden Ebenen bzw. Regionen zugeordnet werden können, werden sie klarer verständlich und der Umgang damit ist dann meist implizit. Die verschiedenen Bewusstseinsfrequenzen mischen sich nicht. Aber wir können mit etwas geistiger Übung auf mehreren Frequenzen gleichzeitig präsent sein.

DIE PERSÖNLICHEN EBENEN 1 BIS 6

Es gibt tausend Gründe, warum Menschen mit nur zwei oder drei aktiven Chakren durchs Leben gehen. Sie erleben dadurch leider eine ziemlich limitierte Realität. Es ist für sie oft nicht einfach, an Techniken zu gelangen, die ihnen helfen würden, dies zu ändern. In meinem Buch »Erleuchtung ist erreichbar« (2013) beschreibe ich solche Techniken bzw. Übungen.

Fähiger in Bezug auf das Verstehen und Erfahren von Zusammenhängen im täglichen Leben und Fühlen ist, wer alle Chakren bewohnt, sie nutzt und Kontrolle über sie hat.

DIE ASTRALEN EBENEN 7 BIS 9

Noch fähiger ist, wer Zugang hat zu den astralen Ebenen. Allerdings bergen astrale Fähigkeiten – sie werden in Indien *Siddhis* oder okkulte Kräfte genannt – auch immer die Gefahr des Missbrauchs. Sie zu benutzen, wird in wirklich spirituellen Kreisen abgelehnt, weil sie karmisch binden.

Zu allem Übel geschieht dieser Missbrauch meist unter dem Deckmantel der *Spiritualität* und hat doch so gar nichts damit zu tun. Die Verwirrung bezüglich wahrhaftiger Spiritualität ist riesig. Unterscheidungskriterien sind kaum bekannt.

Im astralen Bereich geht es um Macht und darum, Abhängigkeit zu schaffen. Wer astrale Techniken beherrscht, wird andere zu manipulieren wissen und dazu bringen, ihm *freiwillig* Geld und Güter zu überlassen, sich sexuell hinzugeben oder andere Privilegien zu gewähren. – Bestimmt fallen dir Personen ein, die sich auf diese Weise ihr Leben erleichtern.

Jene, die selbst nicht stark genug sind, um sich astral zu betätigen, bitten Astralwesen ihnen zu Diensten zu sein. Es gibt viele Astralwesen, die gerne dazu bereit sind–als Gegenleistung machen sie jene Personen von sich abhängig.

Die Sehnsucht nach wunderbaren *Übermenschen* ist weit verbreitet. Eine möglichst himmlische Instanz soll Anweisungen liefern, was man tun und lassen soll und bitte auch ab und zu ein Wunder wirken. Aufgrund ihrer großen Beliebtheit ist nicht anzunehmen, dass die tollen, astralen, magisch-geheimnisvollen Wundertäter, die man so schön bewundern oder beneiden kann, schnell aussterben werden.

Oft werde ich gefragt, ob die astralen Universen auch Vorteile bringen. Schließlich locken dort magische Zauberei, mit deren Hilfe auf Körper, Materie, Emotionen und Gedanken eingewirkt werden kann, Manipulation, Leidenschaft – lauter Dinge, denen viele nicht widerstehen können.

Manche Fähigkeiten, die zum astralen Bereich gehören, darf man durchaus nutzen, denn es steht uns zu, zu wissen und zu sehen:

- In Ebene 7 können wir hellsichtig werden bezüglich der Materie.

- In Ebene 8 können wir die Qualität von Beziehungen hellsichtig wahrnehmen.

- In Ebene 9 werden wir hellsichtig bezüglich Machtspielen.

- In allen Ebenen können wir Wesen wahrnehmen. Achtung: Was wir anschauen, kann auch uns sehen.

Gegen erweiterte Erfahrungsmöglichkeiten, wie sie in den astralen Ebenen stattfinden, gibt es natürlich nichts einzuwenden. Allerdings empfehle ich nicht, darauf ein Business aufzubauen. Die Gefahr, sich in den astralen Ebenen zu verlieren, sollte nicht unterschätzt werden. Magie ist Magie, ob weiße oder schwarze Magie.

Magie handelt aus dem Eigenwillen heraus und verbündet sich zur Verstärkung mit astralen Helfern. Wo Wunder *getan* werden, ist immer astrale Macht im Spiel. Wer von einer Energie profitiert, die nicht aus der eigenen geistigen Absicht, nicht aus dem eigenen *Höheren Selbst* stammt, bezieht von einem Konto, das ihm nicht gehört.

Wahre Spiritualität dagegen wirkt durch reines *SEIN*. Das verwirklichte spirituelle Heil-Sein ist das Angebot und dient als Stimmgabel. Die Gegenwart eines spirituell verwirklichten Wesens wirkt erhebend und ermöglicht Erkenntnisse, zu denen man allein kaum fähig wäre. So kann Bewusstseinswandel stattfinden, der auch Heilung zur Folge haben kann. Heilung geschieht, ohne dass eingegriffen wird.

Für mich liegt genau hier die Kern-Verdrehung: Wir glauben, mit den spirituellen Kräften verbunden zu sein, dabei sind wir womöglich in Kontakt mit astralen Wesen. New Age will uns glauben machen, Hellsichtigkeit sei eine wahre spirituelle Kraft. So sind wir sehr verführt, die hier beschriebenen Fähigkeiten von Ebene 7 bis 9 zu erlangen.

DIE SPIRITUELLEN REGIONEN 10 BIS 14

Nur wenige inkarnierte Menschen sind in der Lage, ein fähiges, also erfülltes und engagiertes Leben zu führen und gleichzeitig mit den spirituellen Qualitäten verbunden zu bleiben. Am besten gelingt das denjenigen, die nicht verführbar sind, weil sie die illusionäre Qualität der astralen Versuchungen durchschauen. Für manche Menschen sind lange Jahre der Kontemplation nötig, damit die Verbindung zu den spirituellen Qualitäten wieder stärker wird und die Verhaftungen mit irdischen Manifestationen, mit Ruhm, Prestige, Schall und Rauch verblassen. Bei den *gestrandeten Engeln* liegt die Erinnerung wesentlich näher und diese Qualitäten manifestieren sich oft spontan:

- In Region 10 erfahren wir uns als bedingungslos liebende und mitfühlende Wesen.

- In Region 11 erfahren wir uns als unbeschwert heitere und freudvoll kreative Wesen.

- In Region 12 erfahren wir uns als vollkommene Wesen und nehmen wahr, dass alles Eins ist. Wir sind in Kontakt mit allem, was existiert, und wir erlangen ein tiefgreifendes Verständnis der gesamten kosmischen Zusammenhänge.

Ist die Verbindung zum Numinosen, zum inneren göttlichen Funken offen, werden wir ruhig und finden Gelassenheit. Es ist das Gefühl, daheim angekommen zu sein. In dieser Beseeltheit kann es geschehen, dass uns eine Flut von Liebe und Glückseligkeit überrollt und erfüllt ... Ich weiß, diese Worte erscheinen ungewohnt stark. Aber das Erlebnis *IST* ungewohnt stark und – beschreibt die Region 13.

Und sofern wir es uns dann erlauben, sinken wir ins Numinose ein. Damit dies möglich ist, muss die Liebe zur Quelle größer sein als die Angst vor dem Sterben. Die Quelle ist das *Ein und Alles*, das unbeschreibliche höchste Mysterium, in das unser *Ich* gleichsam hineingeht (Region 14) – um Minuten oder auch Stunden später wieder als *Ich* zu erwachen. Wir erkennen, dass wir tatsächlich vollkommene Wesen sind. Gerade wurden wir *wiedergeboren im Licht*. Wir können es uns zur Gewohnheit machen, jeden Tag auf diese Art zu s*terben und wieder geboren* zu werden.

CHAKREN IN UNTERSCHIEDLICHEN QUALITÄTEN

Alle, die hier auf der Erde inkarnieren, tragen bereits eine Geschichte mit sich. Zwar waren wir alle einst vollendet, gleichwohl haben die Erlebnisse im Astralraum und in frühere Inkarnationen Spuren hinterlassen, die das Leben kompliziert machen können. Viele tragen eine Tragödie mit sich, ohne sich daran zu erinnern. Doch die Orientierungslosigkeit, Isolation, Selbstabwertung, Wut, Angst oder Verzweiflung, welche die Menschen mittragen, sprechen Bände und zeigen sich in den unterschiedlichen Chakren-Qualitäten.

Um unsere Persönlichkeit auszuheilen, können wir lernen, die Befindlichkeiten der ersten sechs Chakren bei uns selbst wahrzunehmen. So erkennen wir, wo geistige Heil-Arbeit erforderlich ist. Und wenn wir dies bei uns erkennen, nehmen wir es auch bei anderen wahr.

ERSTES CHAKRA

Zu viel Energie: Das Sicherheitsgefühl wird abgeleitet vom Besitz. Habgier, Sammelleidenschaft, materielles Denken.

Zu wenig Energie: Lebensangst, fühlt sich immer gefährdet, Existenzangst, Panik.

Stagnation: Bleibt stecken in existenziellen Fragen. Angst. Gesundheit ist Selbstzweck.

Das Chakra ist erleuchtet: Urvertrauen: »Es werden sich immer Wege finden.«

ZWEITES CHAKRA

Zu viel Energie: Erlebt die Welt über die Sinne, geht mit allem (Musik, Landschaft, Sonnenuntergang …) und jedem (Menschen, Filmfiguren, fiktiven Figuren aus Trickfilmen, Tieren …) in Symbiose. Sehr sinnlich, eventuell übersexualisiert.

Zu wenig Energie: Ist liebebedürftig, anhänglich, weinerlich, braucht Bestätigung von außen. Nimmt die Färbung der Umgebung an, hat keinen eigenen Raum. Emotionales Alter zwischen 1–7 Jahren.

Stagnation: Bleibt bedürftig, delegiert die Verantwortung. Bleibt kindlich und unreif, fühlt sich als Hälfte einer Beziehung. Das ewige Opfer, Selbstmitleid. Oft Suchtthematik.

Das Chakra ist erleuchtet: Lebensfreude, integrierte Sinnlichkeit.

DRITTES CHAKRA

Zu viel Energie: MACHT versus Ohnmacht. Wut und überschießende Aggressionen, Rücksichtslosigkeit.

Zu wenig Energie: Macht versus OHNMACHT. Kann seinen Raum nicht einnehmen, sich nicht abgrenzen. Hat wenig Selbstwert. Ordnet sich unter.

Stagnation: Siegen oder Verlieren? Überlegen oder Unterlegen? Alles bewegt sich auf dieser Achse. Sucht immer einen Schuldigen. Will brillieren, beweisen … Ist cholerisch.

Das Chakra ist erleuchtet: Gesunder, angemessener Selbstwert, entspannte Kraft. Kann zornig werden, hat aber die Energie unter Kontrolle. Was andere über einen denken, ist egal. Klare Abgrenzung: »Ich bin ich. Du bist du!«

VIERTES CHAKRA

Zu viel Energie: Gibt und gibt … Hofft, dafür geliebt zu werden. Die Sucht, gebraucht zu werden. Will allen helfen – und ist enttäuscht, wenn die Wertschätzung ausbleibt. Ist häufig den Tränen nahe. Nie endende Sehnsucht …

Zu wenig Energie: Strebt danach, geliebt zu werden. Appelliert an das Mitgefühl. Freunde zu haben, stärkt den Selbstwert.

Stagnation: Kann nicht entscheiden. Gefühle bestimmen das Verhalten. Glaubt, alle lieben zu müssen. Hat ständig *Mitleid*.

Das Chakra ist erleuchtet: Strahlend, ruht in sich. Ist mitfühlend, mischt sich aber nicht ein. Das Herz ist mit dem *Höheren Selbst* verbunden und deshalb immer genährt und unverletzbar.

FÜNFTES CHAKRA

Zu viel Energie: Spricht ununterbrochen. Stellt sich gern ins Rampenlicht. Unechter Humor (repetiert seine erfolgreichen Witze). Spielt gerne. Neigung zu Eitelkeit.

Zu wenig Energie: Findet keine Worte. Verstummt aus Angst, arrogant zu wirken. Unfähig, Lösungen zu entwickeln oder Lösungen umzusetzen. Opportunist.

Stagnation: Ego, Eitelkeit:»Ohne mich läuft der Laden nicht.« Intoleranz, Arroganz. Lieblos, zynisch, sarkastisch, wenn die Verbindung zur Herzebene fehlt.

Das Chakra ist erleuchtet: Sieht, erkennt, versteht. Ist bei Bedarf angemessen kreativ, visionär, spielerisch, präzise. Der kreative Ausdruck ist immer auch liebevoll. Verfügt über guten, verspielten und intelligenten Humor.

SECHSTES CHAKRA: DRITTES AUGE

Das sechste Chakra, das *Dritte Auge*, unterscheidet sich grundsätzlich von den anderen Chakren. Es ist entweder verschlossen und inaktiv oder offen und aktiv.

Offen und aktiv: Es öffnet sich nur bei Menschen mit ehrlicher, ethischer Haltung, die gepaart ist mit Sehnsucht nach spirituellen Werten. Ein offenes *Drittes Auge* gibt den Weg frei zu den spirituellen Ebenen. Bei vielen ist dieser Zugang nicht bewusst, weil sie nie gelernt haben, die geistigen Fähigkeiten zu nutzen bzw. sich lediglich auf ein paar astrale Techniken spezialisiert haben.

Verschlossen und inaktiv: Es verschließt sich, sobald die Egoabsichten dominieren. Wer mit astralen Kräften zusammenarbeitet, um Wirkung zu erzielen (Magier, Schamanen, viele Heiler), verbindet sich aus den unteren Ebenen (3., 4. oder 5. Chakra) mit den astralen Helfern. Das *Dritte Auge* ist aber verschlossen.

Erleuchtung im Dritten Auge: Es gibt nur sehr wenige Menschen, die das *Dritte Auge* vollumfänglich nutzen bzw. nutzen können.

Erleuchtung im Dritten Auge ist nur möglich,
wenn alle persönlichen Chakren erlöst
und miteinander im Einklang sind.

KURZE ZUSAMMENFASSUNG

Die persönlichen Chakren sind ein verdichtetes Abbild der geistigen Bewusstseinsebenen und bilden den Bauplan des physischen Körpers. Die Chakren sind Energiezentren, Wahrnehmungsorgane und Werkzeugkisten zugleich.

Jedes Chakra hat seine Themenbereiche, Schwächen und Stärken sowie sein emotionales Spektrum. Nur wenige Menschen bewohnen alle Chakren. Auch wenn du alle Chakren bewohnst, gibt es immer noch große Unterschiede.

Jedes Chakra kann verletzt, ausgeheilt, hungrig oder satt, also bedürftig oder gut versorgt sein; es kann unerfahren oder reich an Erfahrung sein, kraftvoll oder apathisch, wach oder programmiert etc. Manchmal sind Chakren auch fremdbesetzt.

Wir können ein kraftvolles und ausgerichtetes Leben führen, wenn wir gelernt haben, die Chakren-Qualitäten zu nutzen. Bei jenen, die ihre persönlichen Themen ausgeheilt und transformiert haben, erscheinen die Chakren erleuchtet, d. h. entspannt, satt, bedürfnislos und glücklich. Diese Menschen wirken erwachsen, souverän, autonom und entspannt. – in der Regel ist diesen Menschen der Zugang zum spirituellen Bereich selbstverständlich.

Oberhalb des sechsten Chakras, des *Dritten Auges*, sind die geistigen Ebenen: die astralen Ebenen 7 bis 9 und die spirituellen Regionen 10 bis 12. Im Unterschied zu anderen Systemen gehört in meinem *Stufenmodell geistiger Entwicklung* (Abbildungen 1 und 2) das 7. Chakra zur Astralwelt.

Die wichtige Grenze liegt in meinem Modell
nicht beim Dritten Auge, sondern zwischen der
astralen und der spirituellen Ebene.

Ab Ebene 10 sind wir außerhalb des Spiels und erfahren uns als freie spirituelle Wesen. Ebene 10, 11 und 12 nenne ich auch das *Höhere Selbst*. Es ist unsere unversehrte spirituelle Essenz.

All diese Dinge sind schwer zu beschreiben. Um sie greifbarer zu machen und unterschiedliche Aspekte begreifbar zu machen, verwende ich immer wieder andere Worte. Die Bewusstseinsqualitäten bezeichne ich beispielsweise auch als Frequenzen.

Wenn wir uns auf eine Frequenz eingestellt haben, öffnet sich für uns die entsprechende Realitätsebene. Diese bezeichne ich auch als Schwingungslevel oder als Universum. Diese verschiedenen Realitätsebenen können sich am gleichen Ort befinden.

Da die Frequenz unterschiedlich ist, nehmen wir nur das wahr, was in der gleichen Frequenz schwingt wie unser eigenes Bewusstsein. (Vergleich: Das Radio spielt nur den Sender ab, auf dessen Frequenz es eingestellt ist.)

Wer meditiert und gewohnt ist, seine eigene Bewusstseinsfrequenz zu verändern, kann sich in alle Regionen einstimmen, dort wahrnehmen und kommunizieren. Unser *Höheres Selbst* schwingt in den Frequenzen von Ebene 10, 11 und 12. Anfangs ist der Bereich limitiert, den wir in der Meditation erfahren. Mit der Zeit werden wir uns immer freier bewegen, mehr wahrnehmen und auch mit anderen Wesen in Austausch treten.

Verankert im Himmel und auf der Erde	Im Kontakt mit der Spiritualität und Astralität	Lediglich im Astralbereich präsent	Abgeschnitten von Geistigem
Fühlt sich als spirituelles Wesen.	Fühlt sich als spirituelles Wesen.	Sehnt sich nach Spiritualität, hat aber keinen Zugang.	Ohne Bezug zur Spiritualität, keine geistige Sehnsucht oder Wahrnehmung.
Nimmt Astrales wahr, ist allenfalls auch aktiv auf diesen Ebenen.	Nimmt Astrales wahr. Fühlt sich auf der Erde nicht zugehörig.	Hängt fest in der Astralwelt, und leidet.	Hält alles Nicht-Materielle für Aberglauben oder Humbug.
Ist gut inkarniert und geistig verbunden. Große innere Stabilität und Sicherheit.	Schlecht verankert im Körper. Das Leben erscheint anstrengend und oft auch verwirrend. Wirkt fragil.	Möchte nicht auf der Erde landen. Fühlt sich häufig fremd und überfordert.	Ist identifiziert mit Körper und Materie. Verfügt meist über gute Vitalität und Regeneration.

Was weiß hinterlegt ist, steht den Wesen zur Verfügung.

ung 3. Überblick über die fünf Daseinsformen auf Erden.

Menschen haben unterschiedlich viel Bewusstsein zur Verfügung. Im Folgenden beschreibe ich die fünf hauptsächlichen Möglichkeiten, hier auf Erden zu sein.

Abbildung 3 vermittelt einen Überblick: Die weiß unterlegten Felder kennzeichnen die Bereiche, die von den Wesen bewohnt werden. Die geistigen Regionen sind in der Abbildung zwar oben dargestellt, brauchen jedoch nicht *oben* zu sein. Manche Menschen sind in ihrem *Inneren* im Kontakt mit den astralen und spirituellen Aspekten.

Selbstverständlich gibt es darüber hinaus Mischformen, Nuancen und Veränderungen. In Situationen von Schock, Schmerz oder Verwirrung machen wir uns alle kleiner.

Erst wenn wir die Füße wieder sicher auf den Pedalen haben, können wir uns entspannen und unser Potenzial auch wieder besser nutzen. Wichtig: In jedem Volk, in jeder Religionsgruppe, in jeder Berufsgattung wird man alle fünf Daseinsformen finden.

1. VERANKERT IM HIMMEL UND AUF DER ERDE

Eine seltene Erscheinungsform. Diese Menschen sind sehr autonom, innerlich geordnet, verfügen über eine selbstverständliche Ethik, sind kraftvoll und entschieden. Häufig sind sie die Felsen in der Brandung. Man bringt sie nur schwer aus der Ruhe. Das Leben macht ihnen Spaß, weil sie auch mit Herausforderungen gut zurechtkommen.

Alle ihre Anteile (spirituell, astral, persönlich) unterstützen sich gegenseitig und sind ausgewogen. Ihnen ist klar, dass sie geistige Wesen sind und dass sie im Innersten vollendet sind.

Viele Kinder bringen heute diese Art von offenem Bewusstsein mit und verblüffen ihre Eltern mit ihrem natürlichen Wissen und ihrer Weisheit. Diese Menschen müssen weder sich noch anderen beweisen, wie brillant sie sind. Sie tun, was zu tun ist und weil sie es können. Ihre geistigen Fähigkeiten halten sie für vollkommen normal und sie nehmen an, dass diese Fähigkeiten allen zur Verfügung stehen. Dieser Zustand wird auf einem spirituellen Weg angestrebt.

2. Im Kontakt mit der Spiritualität und Astralität

In dieser Bewusstseinsform befinden sich die meisten *gestrandeten Engel*. Sie erinnern sich an spirituelle Sphären, bewegen sich manchmal auch in astralen Ebenen, sind aber nicht wirklich inkarniert. Sie sind sehr telepathisch und sensibel, werden häufig von Wahrnehmungen und Einflüssen überwältigt.

Da sie ihren Körper nicht wirklich in Besitz genommen haben, gibt es viel Freiraum für emotionale Energien anderer Menschen. So leiden sie oft an den Emotionen anderer. Das ist nicht nur verwirrend, sondern wirkt sich meist auch direkt auf die Gesundheit ihres Körpers aus.

Oft tauchen Schmerzen an den unterschiedlichsten Körperstellen auf, die nach einigen Stunden oder wenigen Tagen wandern oder wieder verschwinden. Praktische Anleitungen sind da dringend nötig. Sich zu *schützen* ist nicht die richtige Methode, weil diese Menschen sonst bald all ihre Energie dazu aufbringen müssten, den Schutz zu halten.

Als Erstes gilt es, den Körper ganz zu bewohnen, dieses Leben in die eigene Verantwortung zu nehmen. Danach sollte geistiges Wissen erlangt werden, um Dinge wirklich befreien zu können.

3. Lediglich im Astralbereich präsent

Diese Menschen weigern sich, ganz in diesem Leben anzukommen. Sie tragen meist eine spirituelle Sehnsucht in sich. Die Verbindung zur Spiritualität ist aber nicht existent.

Sie sind in einem besonders schwierigen Zustand, gewissermaßen fallen sie zwischen Stuhl und Bank. Sie hängen fest in einem ausgedachten Himmel, der alles enthält, was sie sich ersehnen.

Da dieser Himmel aber lediglich erträumt ist, wird er sich nicht bewahrheiten. Manchmal setzen sie deshalb ihre ganze astrale Energie ein, um ihre Mitmenschen in ihr Drehbuch zu zwingen. Diese Menschen bräuchten dringend spirituelle Orientierung, weigern sich aber meist, ihre illusionäre Realität zu verlassen.

Aber nur, wer wahrhaftige Spiritualität kennt, wird bereit sein, auf der Erde zu landen, statt länger in Träume zu flüchten. Der spirituelle Blickwinkel gibt uns ein tiefes und umfassendes Verständnis für die Schöpfung. Er befähigt uns, hier auf Erden unseren Lebenssinn zu erfüllen.

Oder mit einem Bild erklärt:

Es macht Spaß, ein kühles Bad zu nehmen, ganz und gar einzutauchen, wenn wir wissen, dass wir jederzeit wieder aussteigen können, um uns in der Sonne zu wärmen. Mit dem Gefühl, dass keine Treppe aus dem Bad herausführt, werden wir nicht hineintauchen wollen.

So ungefähr fühlen sich Menschen, die lediglich im Astralbereich präsent sind. Sie befürchten, für immer im Irdischen gefangen zu sein, wenn sie erst einmal die Füße auf den Boden gesetzt haben. – Na ja, für viele ist es tatsächlich so!

4. ABGESCHNITTEN VON DER GEISTIGKEIT

Es sind vermutlich etwa 80 Prozent der Menschen von der Geistigkeit abgeschnitten. Ihr *Drittes Auge* ist verschlossen und so identifizieren sie sich mit dem Körper und mit materiellen Dingen. Ihr Anliegen ist es, dass die *äußere* Welt funktioniert. Ihre Maßeinheit ist vor allem Geld oder andere klar definierte Werte. Geistigen Themen weichen sie aus, denn diese sind ihnen suspekt.

Sie warten darauf, dass ihnen die geistigen Dinge bewiesen werden: »Wenn es ein Leben nach dem Tod gibt, dann soll mir das jemand beweisen. Zu mir hat noch kein Verstorbener gesprochen! – Wenn es Außerirdische gibt, sollen sie doch mal herkommen.«

Auf diese Weise halten sich diese Menschen jede bewusstseinserweiternde Erfahrung vom Leib. Selbst ihre inneren Gefühle sind ihnen oft fremd.

Ich habe mehr als einmal auf die Frage: »Wie fühlen Sie sich?«, zur Antwort bekommen: »Wovon sprechen Sie? Ich weiß nicht, was Sie meinen.«

Ein Klient sagte:»Nun, ich habe kalte Füße. Ich glaube, das bedeutet, dass ich Angst habe.« Meine Frage:»Ja, haben Sie denn Angst?« Die Antwort des Klienten:»Ich weiß es nicht. Ich weiß nicht, wie ich mich fühle. Ich fühle nichts – außer, dass die Füße kalt sind.«

Menschen, die abgeschnitten sind von der Geistigkeit, nehmen lediglich Körperfunktionen wahr wie Atmung, Hunger, Durst, Muskelstärke, sexuelle Lust und immer mal wieder Wut. Sie haben meist kein philosophisches oder spirituelles Weltbild. Möglicherweise gibt es ein ausgedachtes oder gelerntes Konzept von einem *Gott*.

5. DIE ASTRALWELT WIRD ALS HIMMEL MISSVERSTANDEN

In den ersten beiden Auflagen von»Gestrandete Engel« ging ausgerechnet diese fünfte Daseinsform vergessen. In dieser Gruppe finden wir die Gläubigen, also die Angehörigen aller Religionen. Auch New Age-Esoteriker, Schamanen und Heiler sind hier anzutreffen.

Und alle glauben, dass sie spirituell seien. Sie wissen nicht, dass ihr Himmel der Astralwelt angehört und dass sich die spirituellen Ebenen vollkommen anders anfühlen, weil sich diese außerhalb des Schöpfungsspiels befinden.

Da für sie das irdische Leben die größte Bedeutung hat, sind für sie die wirklich spirituellen Qualitäten uninteressant. Sie haben irdische Ziele: Gesundheit, Erfolg – für sich selbst und ihre Nächsten. In der Regel gehen sie davon aus, dass ihnen der *Himmel* wohlgesonnen ist. Und damit dies so bleibt, zünden sie auch mal in der Kirche eine Kerze an.

Gerne hätten sie die Macht, ihren Plänen und Zielen zum Erfolg zu verhelfen. Wenn die Gebete und Wünsche nicht den gewünschten Erfolg bringen, wenden sie auch gerne Magie oder schamanische Rituale an, ohne zu wissen, dass sie dafür mit ihrer Seele bezahlen (*Faustischer Pakt*).

Viele Menschen in der 5. Daseinsform versuchen redlich und gut zu sein und lehnen sich dabei vertrauensvoll bei ihren Göttern an – wer immer diese auch sind.

Diese Menschen werden spirituell nie erwachsen. Sie ordnen sich einer externen *göttlichen Instanz* unter, nicht ahnend, dass es diesen Wesen um Macht geht.

Im Gegensatz dazu sind spirituelle Menschen (1. Daseinsform) erwachsen. Sie bitten keine Götter um einen Gefallen. Sie sind selbst göttlich und erfahren dies in der Meditation täglich aufs Neue. Die spirituelle Freiheit und Vollkommenheit haben für sie höchste Bedeutung. Danach streben sie, um aus diesem Zustand der Erleuchtung ihr Leben zu gestalten.

SPIRITUELLE VORBILDER SIND RAR UND SCHWER ZU ERKENNEN

Wahre spirituelle Vorbilder sind dünn gesät und – sie fallen nicht auf, denn sie sind unspektakulär und bescheiden. Wer ernsthaft nach ihnen sucht, wird schmale Wege gehen müssen. Die breite Autobahn der *esoterischen* Angebote führt zu anderen Zielen.

Die *gestrandeten Engel* tragen den Schatz der Spiritualität noch spürbar in sich. Sie sind in Kontakt mit den unvergänglichen Werten. Umso mehr wundern sie sich, dass sich hier auf der Erde so viele Menschen fast ausschließlich um die *Theaterbühne* kümmern und den vergänglichen Dingen wie Schönheit, Besitz und Ruhm so viel Beachtung schenken; dabei aber für alles, was aus spiritueller Sicht Bedeutung hat, keinerlei Interesse zeigen.

Deshalb ist es hilfreich zu wissen, wie unterschiedlich Menschen sind, obwohl unser aller Herkunft die gleiche ist und dass die meisten Menschen nur einen kleinen Teil von dem zur Verfügung haben, was möglich wäre.

BIST DU EIN GESTRANDETER ENGEL?

Lass uns herausfinden, ob du ein *gestrandeter Engel* bist bzw. zu wie vielen Prozenten du dir das Engelhafte, Spirituelle hast bewahren können.

Definition: Ich verwende die Begriffe *spirituell* und *Spiritualität* nur für Aspekte und Qualitäten, die nicht durch Irdisches, Karmisches oder Menschliches gebunden sind. Die spirituellen Universen sind vollkommen losgelöst von irdischen, körperlichen oder persönlichen Absichten.

Natürlich sind deine Erinnerungen noch frisch, wenn du gerade eben von einem anderen Planeten oder aus einer geistigen Sphäre hier auf die Erde gekommen bist. Wer schon viele Menschenleben hinter sich hat, ist in der Regel stärker mit dem Irdischen identifiziert.

Möglicherweise ist diese Inkarnation deine erste hier auf Erden. Das wäre gar nicht so ungewöhnlich, denn in den letzten Jahren kommen sehr viele Wesen von *außen* herein. Sollte dies deine zweite oder dritte Inkarnation sein, zählst du immer noch zu den Neuankömmlingen. Und da ist zu erwarten, dass deine spirituellen Erinnerungen noch nicht allzu stark überdeckt sind.

Gibt es die eine oder andere Aussage, die dir bekannt vorkommt? Auf diese Weise kannst du testen, wie vertraut dir das geistige Wissen noch ist:

- In deinen Träumen weilst du oft in vollkommen anderen Sphären.

- In manchen Aspekten bist du übersensibel.

- Manchmal möchtest du davonlaufen, weil du die Energie einer Situation oder einer Person nicht aushältst.

- Oft kannst du dich schlecht einfügen. Die weltlichen und menschlichen Themen der anderen bleiben dir seltsam fremd.

- Du gehst nur selten zu Anlässen, wo viele Menschen zusammenkommen. Du ziehst es vor, allein zu sein.

- Deine inneren Welten halten dich beschäftigt. Du möchtest so vieles erforschen und verstehen.

- Für das, was in dir abläuft, findest du oft keine Worte. Sprache scheint irgendwie nicht das richtige Medium zu sein.

- Du empfindest für alle Aspekte der Natur eine große Wertschätzung. Alles, ob klein oder groß, erscheint dir wunderbar und so vertraut, als wäre es ein Teil von dir.

- Es schmerzt dich tief, wenn Natur zerstört wird.

- Du kannst nicht verstehen, dass die Menschen Tiere töten, um sie zu essen.

- Du weißt nicht genau, warum du diesem Körper regelmäßig Essen geben musst.

- Elend, Ungerechtigkeit, Armut und Hunger auf dieser Erde hinterlassen eine große Hilflosigkeit und Trauer in dir.

- In Filmen wie »Avatar«, »Der grüne Planet«, »K-Pax«, »Star Trek« etc. fühlst du dich zu Hause.

- Du bewegst deinen Körper vielleicht gerne nach inneren Impulsen und dazu brauchst du keine Choreografie.

- Wenn du musizierst, dann entstehen ganz spontan und natürlich eigene Kompositionen.

- Falls du malst, dann erzählen deine Bilder oft von einer geistigen Realität.

- Du nimmst an, dass du für einen ganz bestimmten Zweck auf diesen Planeten gekommen bist, aber du erinnerst dich nicht mehr an diesen.

GEISTIGE (RÜCK)ERINNERUNGEN

Unsere Erinnerungen an frühere Existenzformen und Aufenthaltsorte sind meist bruchstückhaft. Sie können überraschend aus dem Dunst auftauchen und weil sie anfangs kaum Sinn ergeben, beängstigen oder verwirren sie häufig. Oft verblassen diese Erinnerungen rasch wieder und entziehen sich so dem analytischen Zugriff.

Unsere irdischen Erinnerungen sind zwar im Gehirn und in den Zellen gespeichert, unser Bewusstsein enthält aber Erinnerungen, die unabhängig von unserem Körper existieren. Das ist Geist – jenseits von Materie! Wir können lernen, mit diesen Erinnerungen in Kontakt zu kommen.

Häufig trifft man hier auf den von Rudolf Steiner geprägten Begriff Akasha-Chronik (Akasha = Bewusstsein und Chronik = Aufzeichnung in zeitlicher Abfolge). In der Akasha-Chronik können alle Geschehnisse, Gedanken, Emotionen aus allen Zeiten kontaktiert werden, unabhängig davon, ob sie persönlich oder kollektiv sind. Alles hinterlässt einen Abdruck, nichts verschwindet einfach so.

Allerdings ist wichtig zu wissen: Da diese Eindrücke geistiger Natur sind, können sie transformiert oder sogar aufgelöst werden. Zurückliegende Konflikte können wir also aussöhnen. Wir können uns aus Projekten herausnehmen. Emotionen, die wir irgendwo festgemacht haben, können wir zu uns zurücknehmen. Wenn wir dies tun, verändert sich auch die Gegenwart!

Wir werden Entspannung wahrnehmen, wenn wir das, was ansteht, aufgeräumt bzw. gelöst haben. Diese Entspannung entsteht in unserem Inneren, aber auch in unseren Beziehungen. Die Aussage, dass Geschehenes nicht mehr verändert werden kann, ist aus spiritueller Sicht also nicht richtig.

Eine Akasha-Chronik besteht auf allen Ebenen des geistigen Raums, sowohl im astralen als auch im spirituellen Raum. Es hängt von unserer Bewusstseinsqualität ab, welche Ebenen wir kontaktieren können.

Manche von uns müssen geistige Arbeit leisten und meditieren, bis sich der Zugang zu diesem Wissen öffnet, andere bringen diesen Zugang mit, wiederum andere vergröbern ihr Bewusstsein im Laufe des Lebens so stark, dass ihnen der Zugang abhanden-kommt.

Kinder haben oft eine offene geistige Wahrnehmung, verlieren diese jedoch im Alter von etwa sieben Jahren (so beschrieben von Rudolf Steiner) oder später während der Pubertät.

Erlebnisse, Klänge, Begegnungen, – flüchtige Momente also – können ein Gefühl eines Déjà-vus auslösen und mit etwas Glück vergessen Geglaubtes zurückbringen.

Nicht alles, was wir wahrnehmen, gehört zu unserer eigenen Zeitspur. Geschehnisse, Gedanken, Emotionen, Kreationen bleiben, wie gesagt, geistig bestehen. Sie können von allen Wesen kontaktiert werden, deren Wahrnehmung sensibel genug ist. Manchen fallen diese Eindrücke zu, andere lernen, bewusst in diese Sphären zu schauen.

Je nachdem, wie intensiv der geistige Kontakt zur Akasha-Chronik ist, fühlt es sich an, als würde man einen Film sehen oder die Geschehnisse gar miterleben, als würde man sich an unser aller Vor-Geschichten erinnern.

Besonders, wenn sich die vormals geschlossene Wahrnehmung gerade öffnet, besteht die Gefahr, dass wir alles, was wir sehen, auf uns persönlich beziehen. Wir werden überflutet von schlimmen Bildern zu den Themen Kriegsgeschehen, Ungerechtigkeiten, Unterdrückung und glauben, diese Dinge selber verursacht zu haben. So geraten wir in Schuldgefühle, schämen uns und beginnen uns abzuwerten. Dabei sind wir lediglich in bestehende kollektive Erinnerungen eingetaucht.

Viele Menschen sind bereits von solchen Eindrücken überwältigt worden und waren danach nicht mehr fähig, ihren Alltag autonom zu gestalten. Deshalb ist es wichtig, frühzeitig die Hilfe einer Fachperson zu beanspruchen, deren Wahrnehmung den Horizont des universitären Wissens übersteigt. Diese Person sollte fähig sein, Klienten beim Erforschen früherer Inkarnationen (und/oder bei Erlebnissen) in anderen Existenzformen zu begleiten.

Voraussetzung dafür sind eine vorurteilsfreie geistige Wahrnehmung, Erfahrung im Umgang mit Rückführungen in die eigene Zeitspur sowie die Fähigkeit, die Zeitspur von anderen zu sehen bzw., die Fähigkeit, mit den Augen der Klienten zu sehen.

Manche Dinge lösen sich auf, sobald man sie genau anschaut – aber sehr oft braucht es zum Auflösen fundiertes geistiges Wissen. Es ist wenig hilfreich, wenn Hellsichtige dem Klienten frühere Inkarnationen erzählen. Man wird die Aussagen glauben oder auch nicht. Aber sie helfen nicht viel weiter, weil das eigene Erleben fehlt. Es geht bei den Rückführungen ganz entschieden darum, Klienten in ihren eigenen Wahrnehmungen zu begleiten.

Sobald wir uns mit Erinnerungen befassen, gelangen wir rasch zu ganz grundsätzlichen Fragen:

- Was ist eigentlich real?

- Was ist meine Realität?

- Sind materielle Dinge wirklicher, weil man sie anfassen kann?

- Oder sind die geistigen Dinge realer, weil sie unzerstörbar sind?

- Was gehört zu mir und was nicht?

Unsere einzige wirkliche Realität besteht darin, dass wir freie geistige Wesen sind. Damit können, ja sollten wir uns identifizieren. Der ganze Rest ist erschaffen und kann auch wieder aufgelöst werden.

Durch Meditation und geistige Arbeit gelangen wir dahin, wo wir uns wirklich als freies Geistwesen fühlen. Aus diesem Bewusstsein heraus können wir beispielsweise überhöhende und abwertende Selbstbetrachtungen hinterfragen – und bei Bedarf verändern oder auflösen.

An eine (Selbst-) Abwertung zu glauben, kann logischerweise sehr destruktiv sein. Mit dieser Abwertung hingegen zu arbeiten, allmählich im Tiefsten zu verstehen, wie sie zustande gekommen ist, welche Dogmen mitspielten und diese Abwertung letztlich zu transzendieren, zu heilen, zu wandeln, bringt uns großes spirituelles Wachstum.

Erinnerungen an Bewusstseinsqualitäten

Dass Kommunikation mit Worten irgendwie ein Notbehelf ist, war mir schon als kleines Kind klar. Ich wusste einfach, dass wirklicher Austausch ohne Worte funktionieren musste. Deshalb stellte ich mir vor, dass sich die Bewusstseinsräume der Menschen so vermischen würden, bis die Beteiligten alles voneinander begriffen hätten. Alles, im Sinne von umfassend, das ganze Empfinden, das ganze Verstehen … Dass dies im spirituellen Raum genau so stattfindet und dass ich die entsprechende Erinnerung in mir trage, habe ich erst viel später verstanden.

Aus meiner Praxis

Es kommt häufig vor, dass sich meine Schülerinnen und Schüler an die verspielte Region 11 gemäß meinem *Stufenmodell geistiger Entwicklung* (Abbildungen 1 und 2) erinnern:

- In Region 11 existieren sie in ihrem Lichtkörper, schwerelos in multidimensionalen Klang- und Farbschwingungen. Ein freudvoller Tanz. Diese Sphäre ist absolut angstfrei, vollkommen unbeschwert – wirklich himmlisch.

- Künstler versuchen, einen Hauch dieser Sphäre in unsere Welt zu bringen.

- Wer die Pflanzen für seinen Garten so auswählt, dass sie an die Verspieltheit der Region 11 erinnern, wird ein absolut zauberhaftes Resultat erzielen, welches nicht ganz von dieser Welt zu sein scheint.

Dass wir im geistigen Raum per Gedanke reisen, ist vielen Menschen selbstverständlich. Ihnen ist klar, dass sie sich dort befinden, wo sie sich hindenken; zumindest ein Teil von ihnen hält sich dort auf. Diese geistige Präsenz kann von sensiblen Menschen wahrgenommen werden.

Wer über eine solche Wahrnehmung verfügt, wird immer wieder mal *schnell zu einer anderen Person blicken,* um zu sehen, wie es ihr geht. Andererseits wird dieser Mensch wahrnehmen, wenn er geistig besucht wird.

DIE WICHTIGSTE BEWUSSTSEINSQUALITÄT IST DIE LIEBE

Spirituelle Liebe hat wenig gemein mit zwischenmenschlicher Liebe. Im Gegenteil: Spirituelle Liebe kann geradezu kühl wirken, weil sie sehr viel Raum lässt, sich nicht festmacht, erwartungsfrei ist und den freien Willen in jedem Fall respektiert.

Was in dieser Welt unter Liebe verstanden wird, muss irritierend sein für einen Neuankömmling, der gerade von den spirituellen Ebenen bzw. Regionen hier eingetaucht ist. Seine Liebe ist ein natürlicher Zustand, eine innere Qualität. Die irdische, zwischenmenschliche Liebe wird dagegen oft als Tätigkeit verstanden (man liebt öfter oder seltener, stärker oder weniger stark …) und basiert nicht selten auf Projektionen oder ist Kompensation von Selbstabwertungen oder Schuldgefühlen.

Jede spirituelle Region birgt einen Schatz, der in uns nachhallt:

- Der Schatz von Region 10: Zu wissen, dass wir Liebe sind. Zu erfahren, dass diese Liebe stärker ist als jede Macht oder Magie. Sie macht uns in der geistigen Realität unanfechtbar.

- Der Schatz der Region 11: Die absolute Freiheit, in der nichts Schweres oder Betrübliches existiert. Freude pur.

- Der Schatz der Region 12: Wahrzunehmen, dass wir vollkommen sind, dass wir alles in uns tragen und uns deshalb nichts unverständlich ist.

ERINNERUNGEN AN ORTE

Alle, die reisen, haben schon erstaunt festgestellt, dass ihnen eine Stadt oder eine Landschaft vertraut vorkommt, obwohl sie sich nicht daran erinnern konnten, vorher schon einmal dort gewesen zu sein. Das hat in der Regel ganz einfach mit der Tatsache zu tun, dass wir den betreffenden Ort in einem früheren Leben bereits kennengelernt haben. Dieses Wissen ist bereits Allgemeingut.

Ich möchte in diesem Zusammenhang jedoch einen anderen, etwas subtileren Aspekt aufgreifen: Es gibt Momente, in denen wir uns von der Stimmung einer Landschaft, Witterungsverhältnissen oder Geräuschen an etwas erinnert fühlen, was wir vielleicht gern *Heimat* nennen würden. Wir nehmen aber wahr, dass diese *Heimat* nicht von dieser Welt ist. Manche erinnern sich an einen Ort mit zwei Sonnen am Himmel. Oder sie berichten von mehreren Monden, die den Planeten umkreisen. Manchmal wird der Himmel als rötlich oder grünlich beschrieben, sich an eine andere Schwerkraft erinnert usw.

Es ist wichtig, diese Eindrücke nicht nur als Phantasie abzutun. Stattdessen könntest du sie vielleicht malen und so mehr und mehr Details in Erinnerung rufen …

Möglicherweise erinnerst du dich an andersartige Körper. An fast allen Orten, die ich geistig besucht habe, waren die Körper ätherisch, also vom Geist geformt. Diese Körper brauchten keine solide Nahrung, konnten selbstverständlich levitieren und sich nach Wunsch verformen. Sie waren eher ein veränderbares Kostüm als ein träges biologisches Gefäß oder Gefährt.

Vielleicht reist du auch jetzt in manchen Nächten durch die unendlichen Weiten des Universums … Du lässt nachts alles Körperhafte hinter dir und bewegst dich als freies Geistwesen …

Die spirituellen Universen unterscheiden sich ganz grundsätzlich von unserem Zeit-Raum-Kontinuum. Aus diesem Grund versagt unsere Sprache beim Versuch, sie angemessen zu beschreiben. Bewegung, wie wir sie kennen, hat dort keine Bedeutung, denn Geist kann überall sein, ohne Distanz zurückzulegen.

Wesen können sich im Bewusstseinsraum finden und begegnen, ohne einen materiellen Fixpunkt zu bestimmen. Nur Materie braucht Koordinaten. Sie gehört zum Schöpfungsspiel, das definiert ist als Materie, Energie, Raum und Zeit *(MERZ)*.

In astralen Ebenen existieren subtile Materie und Energie sowie Zeit und Raum. Allerdings sind deren Qualitäten anders definiert und werden somit anders erfahren als auf der Erde. Der spirituelle Blickwinkel steht dagegen *außerhalb* dieser Definitionen, hat weder Masse noch Energie und kann *überall* gleichzeitig sein.

ERINNERUNGEN AN STERNENGESCHWISTER

Viele der Neuankömmlinge, die ihr offenes Bewusstsein bewahren konnten, erinnern sich noch an ihre Sternengeschwister. Wurdest auch du hierher begleitet bzw. losgeschickt, um hier zu inkarnieren?

Weil deine Aufgabe gefährlich ist, wird der Kontakt aufrechterhalten. Aber das ist im Tagesbewusstsein für viele *gestrandete Engel* nicht mehr aktiv wahrnehmbar. Manchmal schimmert die Erinnerung an einen früheren Herkunftsort durch und es gibt diese lichten Momente, in denen sich Inkarnierte ihrer spirituellen Qualität bewusst sind, wie oben beschrieben.

Die Grenze zwischen diesen spirituellen Erinnerungen und geistiger Verwirrtheit oder gar Größenwahn ist aber nicht immer offensichtlich, um es vorsichtig auszudrücken. *Ganzheitliche spirituelle Erinnerungen* führen jedoch nicht in die Überheblichkeit, sondern vielmehr zu einer bescheidenen, mitfühlenden und gleichzeitig sehr umfassenden Betrachtungsweise.

Vielleicht bist du gewohnt, mit Wesen anderer Welten in regelmäßigem Kontakt zu stehen. Du genießt die Art der Geborgenheit, die sie vermitteln. Wahrlich eine himmlische Qualität!

ERINNERUNGEN AN TRAUMATISCHE BEGEGNUNGEN

Ja, natürlich kenne ich auch die vielen Berichte von traumatisierenden Begegnungen. Kinder wurden von Außerirdischen entführt, Frauen wurden geschwängert, die Kinder wurden ihnen nach einigen Wochen Schwangerschaft wieder weggenommen, Männern wurde Sperma abgenommen ... Menschen, die dies berichteten, haben sich gefühlt wie Versuchskaninchen und sind nun verängstigt. Einigen ist es gelungen, sich über den Schmerz zu erheben, haben Forschungen angestellt, sich mit den Besuchern arrangiert oder gar ausgesöhnt und veröffentlichen nun ihre Erfahrungen. Viele berichten davon, dass ihre mentalen Fähigkeiten verbessert wurden.

Je zahlreicher diese ernst zu nehmenden Berichte werden, desto mehr verdichtet sich der Verdacht, dass viele dieser Aktionen sogenannte *military abductions* (Milabs) sind, also dass das Militär an den Entführungen beteiligt ist. Man geht davon aus, dass es zwischen der US-amerikanischen Geheimregierung und bestimmten Außerirdischen ein Abkommen gibt, demzufolge technologisches Wissen mit dem Recht bezahlt wird, Menschenmaterial zu benutzen, um die außerirdische Spezies zu retten. Die These scheint glaubhaft, zumal Betroffene häufig von der Anwesenheit uniformierter Personen berichten. Aber da massive Programmierungen (Mind Control) und oftmals auch Drogen im Spiel sind, werden wir wohl kaum erfahren, was wirklich alles geschehen ist.

Viele Betroffene sind erst Jahre nach den Geschehnissen in der Lage, das zu schildern, was ihr Leben überschattet. Zudem zeigen sich die Erinnerungen anfänglich bruchstückhaft und verschwommen und können deshalb mit Leichtigkeit lächerlich gemacht oder als Phantasterei abgetan werden.

Glücklicherweise gibt es heute im Internet zahlreiche sehr fundierte Berichte über Begegnungen und Entführungen dieser Art. Die Forschungen, Therapien und Publikationen von Dr. John Edward Mack (2010) waren bahnbrechend auf diesem Gebiet. In alternativen Kreisen genießt Mack große Anerkennung. Er war Professor an der Harvard Medical School und Pulitzer-Preisträger und konnte deshalb nicht so einfach ausgelacht oder ignoriert werden. Allerdings starb er im Jahr 2004 bei einem Autounfall ... Es scheint ungesund zu sein, sich mit diesen Themen zu befassen. Eigenartige Todesfälle häufen sich auffällig.

Obwohl in Amerika Begegnungen mit Ufos oder Kontakte mit Außerirdischen seit dem 2. Weltkrieg erforscht werden, scheinen diese Themen für universitär ausgebildete Psychotherapeuten bei uns in Mitteleuropa nicht zu existieren. Vielmehr bringt man sich bei der Konsultation eines klassischen Therapeuten mit diesen Themen rasch in Gefahr, für verrückt erklärt zu werden. Hilfesuchende sollten sich aus diesem Grund genau informieren, wem sie sich anvertrauen möchten.

Ohne hier die Bedeutung solch beängstigender Erlebnisse zu schmälern, möchte ich mich vermehrt den positiven Erlebnisberichten zuwenden. Auch sie sind zahlreich, finden aber nicht ganz so viel Beachtung. *Bad news* waren schon immer *good news*. Ich selber habe Begegnungen verschiedenster Schattierungen erlebt und gelernt, damit umzugehen.

Besonders viel Bild- und Filmmaterial konnte James Gilliland (2021) sammeln. Geprägt von einem Nahtoderlebnis wurde ihm klar, dass der Qualität des Bewusstseins eine besonders wichtige Bedeutung zukommt. Heute empfängt er zahlreiche Besucher auf seiner ECETI-Farm (ECETI = Enlightened Contact with Extraterrestrial Intelligence), die sich für Spiritualität und für den Kontakt mit Außerirdischen interessieren. Die Farm liegt an einem Ort mit einer sehr kraftvollen Energie. Dass sich Außerirdische dort mit solcher Regelmäßigkeit zeigen, hat zweifellos auch mit der spirituellen Ausrichtung von Gilliland und den gemeinsamen Meditationen mit anwesenden Besuchern zu tun.

Für James Gilliland ist klar, wer Ufos sieht, hat auch Kontakt mit den Wesen. Die außerirdischen Wesen verfügen über die Fähigkeit, sich zu zeigen oder sich unsichtbar zu machen. Sie zeigen sich denen, die sie kontaktieren möchten und dazu bereit sind. Gilliland berichtet immer wieder, wie liebevoll die Gegenwart dieser Wesen erfahren wird.

Leider werden die meisten Informationen und Zeugenberichte nicht oder nur mit großer Verspätung ins Deutsche übersetzt. Durch den Freedom of Information Act (https://www.foia.gov/) gelangt zurzeit in Amerika sehr viel Material an die Öffentlichkeit.

Die *Star Trek-Serien* von Gene Roddenberry haben Generationen auf den Umgang mit Außerirdischen vorbereitet. Die Zuschauenden konnten sich allmählich daran gewöhnen, in den außerirdischen Lebensformen gleichwertige Wesen zu sehen. Für viele Zuschauer war es anfangs nicht einfach, sich auf Wesen einzulassen, deren Körper und Verhaltensweisen sich so grundsätzlich von den unsrigen unterscheiden. Die Besatzung des Raumschiffs Enterprise zeigt aber beispielhaft, wie Konflikte und Herausforderungen auf ethische Weise angegangen werden können, immer im Wissen, dass alle Wesen das gleiche Recht zu existieren haben. Zudem ist ihnen das *Nicht-Einmischungs-Gesetz* eine Selbstverständlichkeit.

Die *Trekkies*, wie die Fans von *Star Trek* genannt werden, sind natürlich auch vertraut mit futuristischer Technik. Diese gibt es zwar noch nicht in unserer Realität, zumindest nicht offiziell, sie ist aber denkbar. Zudem veröffentlichen ehemalige Mitarbeiter des Secret Space Program (SSP) zumindest ansatzweise, was bereits verwirklicht worden ist. Aufschlussreich sind beispielsweise Interviews mit Emery Smith, Randy Cramer, Richard Doty oder Michael Jaco auf der Website von SSP: https://secretspaceprogram.org/

Star Trek hat längst Kultstatus erreicht und findet in unzähligen Vorträgen über Besucher von anderen Welten und über außerirdische Technologie Erwähnung, wenn es darum geht, Dinge zu veranschaulichen. Meist gründen die filmischen Episoden auf wahren Begebenheiten.

Gute Science-Fiction-Filme sprechen unsere Sehnsüchte nach einer Welt bzw. Welten an, in denen Konflikte ethisch gelöst werden, wo Gewalt wann immer möglich vermieden wird und wo alle Wesen, wie auch immer sie geartet sein mögen, grundsätzlich die gleichen Rechte haben. Die Welt der Science-Fiction-Filme ist eine Realität, die *gestrandeten Engeln* oft nähersteht, als das, was sie hier auf Erden erfahren.

Wer sich um Information bemüht, wird schnell auf zahllose Begebenheiten stoßen, die gar nicht oder erst mit jahrelanger Verspätung in den Massenmedien angesprochen werden. Hier einige Beispiele:

- Alternative Medien berichten seit 1996 über *Chemtrails*. Flugzeuge, die in ihren Kondensationsstreifen Nanopartikel (Aluminium, Barium u. a.) versprühen.

- An diesen Partikeln lagern sich allerkleinste Wassertropfen an. Da sie so winzig sind, bleiben sie in der Schwebe. Der Himmel erscheint tagelang weiß und der Regen bleibt aus. Unter dieser Nebeldecke sinkt die Temperatur um bis zu 10 Grad Celsius.

- Dagegen sind *contrails,* also Kondensationsstreifen, bereits nach 20 bis 30 Minuten wieder verschwunden.

- Über die Auswirkung der *Chemtrails* kann spekuliert werden, zumal schon sehr viele verschiedene Substanzen gefunden wurden, im Boden, auf der Wasseroberfläche und entsprechend natürlich in der Atemluft. Jahrelang haben offizielle Stellen alles bestritten.

- Seit 2011 wird nun bestätigt, dass auf diese Weise die Erwärmung des Planeten abgebremst werden soll. – Klingt das logisch? Und wenn ja, wieso wird es nicht medial groß ausgeschlachtet?

- Inzwischen ist klar, dass man Wolken, wenn sie Nanopartikel enthalten, mit Skalar Wellen schieben kann. Die massiven Regenfälle von 2020/21, welche auf allen Kontinenten zu Überschwemmungen geführt haben, waren alle gesteuert.

- Jeder, der die Augen offenhält, kann die unnatürlichen Wolkenformationen erkennen. Dane Wigington (2021) erforscht das Thema »Geoengineering« seit vielen Jahren. Auf seiner Website https://www.geoengineeringwatch.org sind viele Dokumentationen und Beweise zu finden, u. a. auch die zahllosen Patente, welche für Technologien angemeldet sind, mit denen das Wetter modifiziert werden kann. Wer das Wetter, wer den Regen beherrscht, kann Zerstörung und Hungersnöte herbeiführen.

- Antennenanlagen wie das High Frequency Active Auroral Research Program (HAARP) in Alaska gibt es mittlerweile auf allen Kontinenten. Selbstverständlich steht ihre Wirkungsweise unter Geheimhaltung. Es wird aber angenommen, dass mittels dieser Anlagen Wirbelstürme gelenkt und Erdbeben und/oder Tsunamis kreiert werden können. Anzunehmen ist, dass diese hochgeheimen Anlagen noch zu viel mehr fähig sind; siehe dazu auch das Buch »Angels Don't Play This HAARP« von Dr. Nick Begich (Begich & Manning, 1995).

- 2001 fand im National Press Club von Washington D. C. die Pressekonferenz »Disclosure Project« statt, die von Dr. Steven Greer organisiert wurde. Über 500 Zeugenaussagen lagen vor. Alle Zeugen haben unter Eid ausgesagt. Dabei waren ehemalige Mitarbeiter der Geheimdienste, Teilnehmer des geheimen Raumfahrtprogramms SSP, ehemalige Angehörige des Militärs sowie der kanadische Politiker Paul Hellyer. Greer (2013) und viele andere haben ihr Wissen in Büchern oder Interviews veröffentlicht: zum Beispiel Ralph Ring, Bob Lazar, Robert Dean, Clifford Stone, Robert Salas, Dr. Norman Bergrun und Michael Salla.

- Es gibt Berichte von Menschen, die den Mars besucht haben wollen, ohne je in ein Raumschiff zu steigen ... Finanziert werden diese Projekte über ein Black Budget. Sind hier möglicherweise die mysteriös verschwundenen US$ Billionen zu suchen?

- Der Vollständigkeit halber möchte ich auch das Vorhandensein von Waffensystemen erwähnen, die riesige Wolkenkratzer mit 110 Stockwerken aus solidem Beton und Stahl innerhalb Sekunden in Staub verwandeln können (9/11.) Von den zu erwartenden riesigen Mengen Trümmer war wenig zu sehen. Dr. Judy Wood (2010) hat Fakten zu diesem Thema zusammengetragen. Ihr hervorragendes Buch trägt den Titel »Where did the Towers go?«, also »Wohin sind die Türme verschwunden?« Ihre Vorträge sind im Internet zu finden.

- Und heute, 20 Jahre nach dem Black-Swan-Event 9/11, kommen nochmals Tatsachen von einer ganz anderen Dimension an die Öffentlichkeit. Das macht die Situation für uns alle nicht einfacher, bringt aber vielleicht noch einige zum Aufwachen – wenn auch mit Schrecken! Inzwischen beginnen viele Menschen zu begreifen, wie tief der unsägliche Sumpf der satanistischen Elite ist. Jeder Bereich des menschlichen Lebens ist durchtränkt von Pädophilie, Erpressung, Menschen- und Drogenhandel, Folter und Mord ...

- 90 Prozent der Menschen sind in der einen oder anderen Weise abhängig von der durch und durch korrupten Elite. Es ist fast nicht möglich, eine berufliche Tätigkeit zu finden oder zu erschaffen, die nicht irgendwie mit diesen Machenschaften in Berührung kommt oder sogar ein Stück weit davon abhängig ist.

- Egal, wo man hinschaut, alles basiert auf Lügen: Politik, Justiz, Medizin, das Geldgeschäft, das Wissen, das an Schulen und Universitäten vermittelt wird, die Nahrungsmittel-Industrie, die krankmachende Nahrung produziert, oder die (angeblichen) Wohltätigkeitsorganisationen, die keineswegs das Wohl der Menschen oder Tiere im Fokus haben, sondern lediglich Profit und Macht anstreben.

- Die Khasaren-Mafia, die weltweit die Mainstream-Medien dominiert, hat ein machtvolles Propaganda-Instrument erschaffen. Alles, was nicht ins Konzept passt, wird gnadenlos zensiert. Wir können nur hoffen, dass deren Tage gezählt sind.

- Schrittweise begreifen wir, wie sehr der Deep State die Menschen in allen Ebenen manipuliert hat. Den humanoiden Menschen fällt es schwer, nachzuvollziehen, wie kalt die nicht-humanoide (satanische) Elite denkt und agiert.

- Glücklicherweise sind bereits Veränderungen spürbar. Zumindest ist der Nachschub der teuflischen Droge (Adrenochrom) bereits weitgehend gestoppt und zahllose Täter sind verhaftet oder schon verurteilt. Mehr werden folgen …

Ja, ich könnte hier eine lange Liste von Vorkommnissen aufzuzählen. Und ja, der Begriff *Verschwörungstheorie* steht sofort im Raum. – Das vermochte mich noch nie zu erschrecken.

Und jetzt, in einer Zeit, in der sich die meisten Verschwörungstheorien in schneller Folge als Fakt erweisen, erst recht nicht. Ich bin lediglich erstaunt, dass so wenige Menschen den Mut aufbringen, selbständig zu denken und sich stattdessen lieber als *sheeple* (aus *sheep* und *people,* also Schafmensch) zur Herde gesellen.

Tatsache war schon früher, dass manche Dinge erst nach Jahren ans Licht kommen. Erst müssen einige Menschen sterben, bevor man sich kritisch äußern darf. Und es braucht diejenigen, die mutig genug sind, zu forschen, und dies ohne staatliche Forschungsgelder, ohne akademischen Status, ohne Aussicht auf öffentliche Anerkennung, sondern eben nur als *Verschwörungstheoretiker*, was ich gerne übersetzt sehen möchte als *selbständig denkende humane Wesen.*

Gerade Neuankömmlinge auf diesem Planeten sind prädestiniert für die Aufgabe, diesen Phänomenen nachzugehen. Viele machen sich auf eine jahrelange akribische Spurensuche – und verbreiten ihre Erkenntnisse über das Internet.

Auf der anderen Seite sind Heerscharen von (häufig gut bezahlten) Agenten (Trollen) im Einsatz, welche die Berichte verunglimpfen und lautstark übertönen. Ja, auch all dies ist von dieser Welt.

Die Erde als *Planet der Lüge* zu bezeichnen, scheint angemessen. Ich beziehe mich damit auf Erich von Dänikens (2006) romanhaft aufgearbeiteten Tatsachenbericht: »Tomy und der Planet der Lüge«.

ERINNERUNG AN EIN ANDERES ZEITGESCHEHEN

Dir ist auch klar, dass Zeit kein lineares Geschehen ist. Obwohl definiert durch den Lauf des Planeten um die Sonne, nimmst du Zeit oft eher als Gummiband wahr: Zeit einmal gedehnt, kann oft sogar stillstehen. Oder nach Urfeld-Forscher David Wilcock (2012): »Zeit ist ein Feld, in welchem wir uns rückwärts, vorwärts und seitwärts bewegen können.«

Auch darüber, über diesen anderen Zeitbegriff, lässt sich als *gestrandeter Engel* schlecht hier auf der Erde sprechen. Es ist aber sicher angemessen zu sagen, dass sich jene mit offenem Bewusstsein anders im Zeit-Feld bewegen.

LERNE ZU UNTERSCHEIDEN:
HIMMEL ODER ERDE?

Mit *Himmel* meine ich immer die spirituellen Ebenen. Die astralen Ebenen hingegen haben viel mehr Ähnlichkeiten zur irdischen Existenz als zum spirituellen Dasein.

Es ließe sich viel Schmerz vermeiden, wenn wir lernen würden, diese Sphären sauber zu unterscheiden und zu trennen.

Zur Veranschaulichung ein Beispiel:

Ein Mensch hat viel Zeit mit Schwimmen verbracht, verfügt über große Ausdauer sowie Geschicklichkeit im und unter Wasser. Nun möchte er zur Abwechslung einen Berg besteigen.

Beweglichkeit, Kraft und Ausdauer werden ihm dabei von Nutzen sein, doch er würde sehr schlechte Erfahrungen machen, wenn er sich am Berg ähnlich verhalten würde wie im Wasser. Gewisse Techniken sind da einfach unbrauchbar.

Die abgestiegenen, *gestrandeten Engel* tragen vor allem die Erinnerung an die spirituellen Ebenen in sich. Jene *Techniken* kennen sie sehr genau.

Als sie sich entschieden haben zu inkarnieren, war für sie nicht offensichtlich, welche ihrer Qualitäten und Fähigkeiten sie in einem Körper brauchen könnten.

Auch mit den astralen Ebenen hatten sie vermutlich noch keine Erfahrungen gemacht – zumindest keine allzu schmerzlichen. Und so halten sich die meisten *gestrandeten Engel* für unverletzbar – weil sie das in den spirituellen Ebenen waren.

Selbstverständlich kann ein Mensch während seines Lebens mit den spirituellen Qualitäten im Kontakt sein. Allerdings gelten hier, solange wir auf der materiellen Bühne spielen, auch die materiellen Spielregeln. Hier gibt es Worte, Handlungen, Gegenstände, Hindernisse, Verträge …

Sozusagen hinter dem Vorhang, gleichzeitig und körperlos ist die astrale Parallelwelt angesiedelt. Hier treffen wir auf dieselben Ängste, Machtkämpfe, Ansprüche, Strategien und Absichten wie in der physischen Realität. Allerdings agieren die Wesen im Astralraum mit einem energetischen Körper.

Das spirituelle Sein ist eine Oktave höher und wesentlich subtiler ausgestaltet. Also die Ebene, die den *gestrandeten Engeln* vertrauter ist.

Die Unterschiede zwischen menschlich-irdischem Dasein, astralem und spirituellem Dasein sind groß und werden im nachfolgenden Kapitel veranschaulicht.

SPIRITUELLES SEIN VERSUS
ASTRALES UND MENSCHLICHES DASEIN

Das spirituelle Sein, das vom Schöpfungsspiel losgelöst ist, unterscheidet sich maßgeblich vom astralen und menschlichen Dasein. Sowohl im menschlichen Körper inkarniert als auch als geistiges Wesen im astralen Raum, haben wir einen Eigenwillen, lassen uns von Emotionen beeinflussen, greifen ein und interagieren mit dem Schöpfungsspiel. Ich unterscheide zwischen dem in sich ruhenden Seins-Zustand in spiritueller Sphäre und dem willensgesteuerten und aktiven Dasein in astralen Ebenen und dem irdischen Leben. – Nachfolgend einige Beispiele.

DASEIN ALS SYMBOL ⊙

Spirituelles Sein als Symbol: Der Kreis mit dem Punkt in der Mitte ist das astronomische Zeichen der Sonne. Unser Sein als spirituelles Wesen entspricht dem Punkt: Der Punkt ist unendlich klein und doch die Quelle von allem. Wir haben keine Grenze und können durchs ganze Universum strahlen.

Alles wird eins. Ich bin alles.

Diese Wahrheit hat allerdings lediglich Gültigkeit in höchstem spirituellem Bewusstsein.

Astrales Dasein als Symbol: Wesen im astralen Raum können sich mit Grenze zeigen oder können auch durchlässig sein. Je bewusster ein Astralwesen ist (obere Region von Ebene 9), desto freier geht es um mit seiner Form, seinen Grenzen oder seiner Durchlässigkeit. Sie sind Künstler der Illusion und werden sich stets so zeigen, wie es ihnen dient. Verdichtete Wesen, z. B. Verstorbene, die sich nie um Geistigkeit gekümmert haben, verfügen über keinerlei Freiheiten. Sie bringen die Erinnerung an ihre Körper mit und das ist ihre Realität.

Menschliches Dasein als Symbol: um nochmals vom astronomischen Zeichen für die Sonne auszugehen. Unser Dasein als Mensch entspricht dem Kreis. Der Kreis grenzt Raum ab. Als Individuen sind wir letztlich allein und abgegrenzt. Vielen macht das Angst und sie möchten in der Sippe, in der Herde bleiben. Es ist aber gut, einen Sinn für Individualität zu entwickeln und allmählich in die Eigenständigkeit zu erwachen.

Ich bin ich – aber ich bin nicht du.

WAHRHAFTIGKEIT IM DASEIN

Wahrhaftigkeit spirituell betrachtet: Für ein spirituelles Wesen gibt es gar keine Möglichkeit, *nicht* wahrhaftig zu sein. Es kann auch nichts verstecken, nichts geheim halten, denn alles ist sichtbar. Es gibt keinerlei Gründe, irgendetwas zu verheimlichen, hinter einer Lüge zu verstecken oder auch nur ansatzweise zu verschleiern.

Die Wesen verfolgen keine verborgene Strategie, weil sie auch keinen Erfolg anstreben. Die Wesen repräsentieren Wahrhaftigkeit und durchstrahlen das Universum mit Liebe. Nicht, weil sie das tun wollen, sondern weil im spirituellen Sein nur dies möglich ist.

Wahrhaftigkeit in astralen Sphären: Alles ist auf Täuschung ausgelegt. Alles nimmt hier seinen Anfang: Manipulation, Suggestion, Magie, Programmierung, Lüge, Illusion, Verführung, Abhängigkeit, Versklavung, Ausbeutung, Verwirrung, Täuschung …

Wahrhaftigkeit im menschlichen Dasein: Im menschlichen Dasein entscheidet jedes einzelne Wesen, ob es wahrhaftig sein will oder nicht. Wer sich für eine wahrhaftige Lebensweise entscheidet, macht seine eigene Ethik zum Maßstab. Es ist eine innere Ausrichtung, eine umfassende Entscheidung mit weitreichenden karmischen Folgen.

In dieser Welt gibt es immer Geheimnisse. Sie sind unumgänglich. Wir sind nicht hellsichtig genug, um alle Schleier zu durchschauen, und so bleibt vieles verborgen. Es ist auch nicht sinnvoll, alle unsere Gedanken und Gefühle mit allen zu teilen. Alter, Bildungsgrad und Art der Beziehung definieren, wie und was wir mitteilen. Dennoch sind wir wahrhaftig, wenn wir fair, ethisch, ehrlich und geradlinig kommunizieren. Wie innen so außen. Manchmal verfolgen wir auch eine Strategie zu unserem Schutz oder zum Schutz von anderen. Der Grad von Wahrhaftigkeit hängt immer vom Anspruch an unsere Ethik ab. Kleine Wesen haben eine kleine Ethik, große Wesen, eine große. Es richtet sich nach der Größe des Lebensbereiches, den wir überblicken und in unsere Verantwortung nehmen. Anders ist es, wenn wir mit betrügerischer Absicht Dinge verbergen, um egoistische Ziele zu erreichen.

Jede materielle Manifestation hat nur Bestand in der verdichteten Form, mit Lügen, Geheimnissen, Emotionen, Machtansprüchen, Anhaftungen etc. Das ganze Schöpfungsspiel würde sich auflösen, wenn alles in der vollkommenen Wahrhaftigkeit wäre. Denn alles, was Wesen in der Wahrhaftigkeit erschaffen, kehrt nach einer Weile wieder zu ihnen zurück. Das verstehen wir, wenn wir spirituelle Wahrheit erfahren haben.

Verschmelzen im DaSein

Verschmelzen im spirituellen Sein: Zu verschmelzen, Einswerden, ist im spirituellen Raum das Natürlichste, was es gibt. Verschmelzen ist die Grundlage jeder Kommunikation: Da es keine verbale Sprache gibt, mit der wir Dinge erläutern, werden wir eins mit unserem Gegenüber und wissen danach alles von ihm. Oder wir werden eins mit einem Sachverhalt und verstehen diesen dann vollkommen. Geheimnisse gibt es keine. Wir genießen es, wenn wir eine Facette erleben, die wir in uns noch nicht gefunden haben. Es gibt absolut keine problematischen Aspekte oder Wesen im spirituellen Raum, mit denen Verschmelzung negative Folgen hätte.

Verschmelzen im astralen Dasein: Verstorbene, die noch identifiziert sind mit dem Körper, werden sich im astralen Raum gleich verhalten wie im Leben. Leider auch gegenüber lebenden Menschen, was sich auf diese sehr störend auswirkt. Man spricht dann von Fremdbesetzungen. Doch wer seine Möglichkeiten kennt, weiß um die Fähigkeit zu verschmelzen.

Verschmelzen im menschlichen Dasein: Die Sehnsucht nach Verschmelzung sitzt tief, denn Einswerden entspricht der spirituellen Natur. *Doch Vorsicht:* Als Mensch zu verschmelzen, ist nicht ungefährlich. Wenn wir mit anderen Menschen energetisch verschmelzen, werden wir bald vollkommen überfärbt sein von den Energien dieser anderen. Wir haben dann deren Emotionen, Schmerzen, Meinungen, Haltungen in uns drin, verlieren die eigene Identität und wissen nicht mehr, wer wir sind. Es ist wichtig, immer wieder zum *Ich* und zum *eigenen Raum* zurückzukehren. Andernfalls verliert man die eigene Stärke.

Auch die Sexualität bietet die Möglichkeit zum Verschmelzen – mit Vor- und Nachteilen.

HIERARCHIEN IM DASEIN

Keine Hierarchien im spirituellen Bereich: Im spirituellen Raum besteht absolute Gleichwertigkeit. Es gibt keine Hierarchien. Niemand wird sich je über uns stellen oder sich unterordnen.

Es mögen Unterschiede bestehen, weil nicht alle das ganze Potenzial erschlossen haben. Aber in der Essenz sind alle vollkommen – alles andere ergibt sich von selbst.

Zahllose Hierarchien im astralen Bereich: In den unendlichen astralen Universen gibt es unzählige Hierarchien. Nach oben buckeln, nach unten treten: Nirgends ist das deutlicher als hier. Jeder will seine Vormachtstellung behaupten, selbst wenn sein Reich winzig ist.

Hierarchien als natürliches Ordnungsprinzip in der Welt: Die hierarchische Organisation verhindert, dass Chaos ausbricht. In Körpern gibt die Hypophyse übergeordnete Befehle, bei Naturvölkern führt der Ältestenrat, in einer Firma sind es die Vorgesetzten.

Hierarchien sind unumgänglich, können aber Entwicklung fördern oder unterdrücken. Wir sollten auf allen Hierarchiestufen verantwortlich, fair und gerecht handeln können.

KREATIVITÄT IM DASEIN

Kreativität im spirituellen Raum: In den spirituellen Sphären sind wir per se kreative Wesen und uns entströmt laufend ein multi-dimensionales Geschehen von Formen, Farben, Bewegungen, Klängen in subtilster Qualität. Es ist beglückend, an diesem Tanz teilzunehmen.

Alles ist Geist und löst sich von selbst wieder auf. Nichts bleibt manifest. Es gibt keinerlei negative Folgen.

Kreativität im astralen Raum: Es gibt in den riesigen astralen Universen unzählige Möglichkeiten, kreativ zu werden. Hier ist die Ideenwelt, hier werden endlos neue Spiele definiert und ausstaffiert, modifiziert etc. Da kein Platzmangel besteht – das Universum ist unendlich – ist das alles kein Problem. Manche Ideen vergehen wieder, andere verdichten sich mehr und mehr und werden auf der Welt oder in Parallelwelten materiell verwirklicht. Auf der Erde entsteht nichts, was nicht zuvor als Idee in astralen Ebenen vorhanden war.

Die vielen schlafenden, ängstlichen, traumatisierten Wesen im astralen Raum wollen sich jedoch vor allem verkriechen; sie sind nicht oder wenig kreativ.

Kreativität in der materiellen Welt: Wir sind an einem Punkt angelangt, wo die Kreativität hinterfragt werden sollte. Heute werden Rohstoffe ausgebeutet, Berge von Abfällen zerstören die Natur, Unmengen von Energien werden verbraucht und – ein Ende ist nicht abzusehen. Die Produkte der Kreativität werden *materiell* hergestellt, und zwar massenhaft. Sehr vieles landet auf Müllhalden oder in den Weltmeeren. Die kostbaren Rohstoffe werden oft in Drittweltländern unter menschenverachtenden Umständen zurückgewonnen.

Die Probleme, die wir unserem Planeten aufbürden, sind unermesslich. Obwohl die Themen schon lange bekannt waren, kommt eine tiefgreifende Veränderung erst jetzt (2020/21) zustande. Noch ist nicht absehbar, in welche Richtung es gehen wird. Um Erde, Wasser, Luft und Erbgut wieder zu reinigen, reichen bisher bekannte Methoden kaum aus.

SPUREN HINTERLASSEN IM DASEIN

Spuren hinterlassen im spirituellen Bereich: Einem spirituellen Wesen genügt es zu sein. Es weiß um seine permanente unendliche Existenz. Aus diesem Grund hat es keinerlei Bedürfnis, Spuren zu hinterlassen. Viel eher wäre ein spirituelles Wesen bemüht, übrig gebliebene Spuren aus früheren Existenzformen aufzulösen und aufzuräumen.

Spuren hinterlassen im astralen Bereich: Die obersten astralen Machthaber, die unterdrücken und ausbeuten, wissen genau, wie sie unbemerkt manipulieren können. So bleibt kaum Karma an ihnen kleben. Sie wollen nicht bekannt sein, *sie wollen mächtig sein!*

Alle anderen Wesen im astralen Bereich sind mehr oder weniger desorientiert, mehr oder weniger blind. Auch bei ihnen hat das Thema *Spuren hinterlassen* kaum Bedeutung.

Spuren hinterlassen als Mensch: Menschen hinterlassen gerne Spuren. Vor allem, wenn sie glauben, dass sie nach dem Tod aufhören zu existieren, möchten sie, dass etwas von ihnen bleibt. Wenn schon das Leben endlich ist, sollte wenigstens irgendwo ein Messingschild mit dem Namen verewigt sein. Noch lieber würde man eine Kathedrale hinterlassen. Aber der Platz dafür wird allmählich knapp.

RAUM UND ZEIT IM DASEIN

Raum-Zeit-Kontinuum im spirituellen Sein: Wir bewegen uns frei im geistigen Raum und können kontaktieren, wen immer wir kontaktieren wollen. Es gibt keine Trennung, keine Distanz, keinen Verlust.

Zeit und Raum sind für spirituelles Bewusstsein ein ewiges Hier und Jetzt.

Raum-Zeit-Kontinuum im astralen Dasein: Je nach dem Grad ihrer Verdichtung neigen die Wesen mehr zur spirituellen Definition und agieren recht frei im Zeit-Raum-Kontinuum. Ist ihr Bewusstsein stärker verdichtet, prägt sie noch ihre Erinnerung an das irdische Dasein und sie richten sich stärker nach der menschlichen Raum-Zeit Definition aus. Diese Ausrichtung nach Raum und Zeit geschieht im astralen Bereich vor allem bei Verstorbenen, die emotional mit Erdlingen verbunden sind.

Raum-Zeit-Kontinuum im menschlichen Dasein: Räumliche Distanzen sind manchmal unüberwindlich und so ist Trennung unumgänglich – doch schwer auszuhalten. Wir verbinden uns mit unseren Nächsten und erleben tiefe Trauer, wenn jemand stirbt oder sich abwendet. Verluste schmerzen lange und tief. Menschen sind Gefangene in Materie, Energie, Raum und Zeit.

ENERGIE IM DASEIN

Energie im spirituellen Sein: Als spirituelle Wesen sind wir die Quelle und schöpfen alles aus uns heraus. Mangel existiert nicht in spirituellen Sphären. Es ist ein permanentes Gefühl von Überfluss. Das ist nur möglich, weil wir keinen Körper erhalten müssen. Wir sind Bewusstsein. *Energie* existiert nach meiner Definition in den spirituellen Ebenen nicht, da es hier auch kein Wollen gibt, keine Absichten und keine Ziele.

Energie im astralen Dasein: Im astralen Dasein ist Wille und Entschiedenheit bedeutungsvoll. Hier wird gekämpft und um Vormacht gerungen. Sobald Ego-Absichten entstehen, benötigen die Wesen die entsprechende Energie, um ihre Ziele zu erreichen. Die spirituelle Essenz nährt sie nicht, wenn sie unterdrückerisch oder zerstörerisch agieren wollen. So benötigen sie die Energie von anderen und werden zu Energievampiren. Häufig wird zu diesem Zweck auch die emotionale Energie der Menschen konsumiert.

Energie im menschlichen Dasein: Da wir einen biologischen Körper haben, sind wir auf Energiezufuhr angewiesen. Wie sehr die Menschen in den letzten Jahrhunderten ausgebeutet und unterdrückt wurden, wenn sie ihre Grundbedürfnisse decken wollten, wird uns gerade jetzt (2020/21) sehr klar bewusst. »Matrix« ist für mich ein Dokumentarfilm: Alles im menschlichen Dasein wurde hoch besteuert, zusätzliche Taxen wurden erfunden … Für die Elite sind die Menschen Batterien.

Spirituelle Autonomie: Da spirituelle Wesen keine weltlichen Ziele verfolgen und sich selber als Quelle von Liebe und Kreativität verstehen, bestehen keinerlei Bedürfnisse.

Es gibt logischerweise auch keine *körperlichen Bedürfnisse.* – Wir sprechen hier schließlich von körperlosen Wesen.

Es gibt keine *emotionalen Bedürfnisse,* weil sich spirituelle Wesen nicht verhaften und so weder unter Trennung noch Abschied leiden. Es gibt keinerlei Gründe für Emotionen. Hier empfundene Gefühle sind außerordentlich subtil.

Es gibt keine *mentalen Bedürfnisse,* weil sich der spirituelle Blickwinkel außerhalb vom *Mind* befindet. Lineares Denken gibt es hier nicht. Wissen und Verstehen sind umfassend.

Es gibt keine *spirituellen Bedürfnisse,* weil sich das Wesen als göttlich vollkommen erkannt hat.

Astrale Autonomie: Manchmal besuchen spirituelle Wesen die astralen Ebenen. Sie sind vollendet und deshalb autonom – und sie bleiben es auch, weil sie sich nicht in die astralen Spiele involvieren. Alle anderen Wesen sind im astralen Bereich nicht frei. Sie haben Absichten, verfolgen ihre Ziele und sind weit entfernt von Autonomie.

Menschliche Autonomie: Menschen sind soziale Wesen und teilen sich in der Gesellschaft die Aufgaben auf. Nicht alle Menschen müssen also Häuser bauen, Nahrungsmittel anpflanzen, jedes Gut selbst herstellen, pflegen, lehren, aufräumen …

Alleine könnten wir nur schwer existieren.

Autonomie, im Sinne von Selbstverantwortung, kann und sollte angestrebt werden, wird aber nur bis zu einem gewissen Grad erreicht werden können.

SCHWERKRAFT IM DASEIN

Schwerkraft im spirituellen Sein: Schwerkraft existiert in der spirituellen Sphäre nicht.

Schwerkraft im astralen Dasein: Schwerkraft existiert nicht in den astralen Universen – allerdings wissen das nur diejenigen, die die astralen Gesetze durchschaut haben. Frisch Verstorbene, die nicht realisieren, dass jetzt alles anders ist, bilden mental den physischen Körper nach – so wie wir es im Traum machen - und glauben noch an die irdischen Gesetze. Sie richten sich aus, als würde es die Schwerkraft geben. Wer sich nicht mit Geistigkeit befasst hat, wird gemäß irdischen Paradigmen weiter existieren. Die eigene Vorstellungskraft ist das Gefängnis.

Schwerkraft im menschlichen Dasein: Sie ist eine der wichtigsten Herausforderungen im menschlichen Dasein. Sie beflügelt unsere Kreativität beispielsweise in der Architektur oder zu neuen Arten der Fortbewegung. Das Wachstum der Menschen, Tiere und Pflanzen wird stark definiert durch die Schwerkraft. Wir haben uns daran gewöhnt, wir spielen damit oder genießen, dass es unter Wasser anders ist.

GEBEN UND NEHMEN IM DASEIN

Geben und Nehmen im spirituellen Bereich: Geben und Nehmen ist in spirituellen Ebenen kein Thema. Wir stellen uns zur Verfügung mit all unserem Wissen und unserer Liebe. Wer sich daran orientieren will, kann – muss aber nicht. So sind wir in gebender Haltung, ohne etwas wegzugeben.

Es gibt nichts zu geben und nichts zu nehmen. Man ist wie eine Rose, die duftet, egal, ob sie jemand riecht oder nicht.

Geben und Nehmen im astralen Bereich: In astralen Ebenen ist Geben und Nehmen sehr wichtig. Da die Wesen ihre aus dem Leben mitgebrachten Konzepte in den tieferen Bereichen weiterhin dramatisieren, sich gegenseitig betrügen und bestehlen.

Wenn es nicht nur um *Besitz* geht, das ist ja nur ein mentales Konzept, sondern auch um Macht, gibt es nur eine Währung: Man bezahlt mit der eigenen Seele, also mit der spirituellen Freiheit.

Geben und Nehmen als Mensch: Geben und Nehmen sollten in der Welt ausgeglichen sein. Wer zu viel gibt, schafft Abhängigkeiten. Wer zu viel nimmt, überzieht sein Konto und bringt sich in eine schwierige Situation, denn die Konten müssen auf die eine oder andere Weise ausgeglichen werden. *Alles andere schafft Karma, also Bindung.*

LIEBE IM DASEIN

So lieben spirituelle Wesen: Es ist selbstverständlich, dieselbe Liebe zu empfinden für jedes existierende Wesen; für Menschen genauso wie für Tiere, Pflanzen und Materie – für die gesamte Schöpfung.

Diese Liebe ist bedingungslos, erwartungsfrei, ohne Bindung oder Verpflichtung. Sie ist ein Stück des *Himmel*s und gehört in den *Himmel*. Ihren Samen tragen wir als Mensch jedoch in unserem Herzen.

So lieben astrale Wesen: *Liebe* im astralen Raum ist vor allem Anhaftung und Abhängigkeit. Verstorbene, welche die spirituelle Dimension noch nicht entdeckt haben, bleiben so lange wie möglich da, wo sie sich auskennen oder bei den Menschen, mit denen sie verbunden sind. Nach einiger Zeit werden sie den Hinterbliebenen jedoch zur Last. Wären Liebe und Geistigkeit verstanden, würden die Verstorbenen loslassen.

Auch gibt es noch sexuelle Begierde, die manchmal mit Liebe verwechselt wird. Es gibt zahllose astrale Schmarotzer, die das sexuelle Spiel anheizen, um diese Energie zu ernten.

So lieben Menschen: Viele Menschen sind tief verletzt und müssen ihr Herz heilen, bevor sie lieben können. Das eigene Herz zu heilen, ist eine der großen Aufgaben!

Wer gelernt hat zu lieben, wird auch noch lernen müssen zu unterscheiden, denn angemessene Liebe kann ganz unterschiedliche Ausdrucksformen haben.

Manchmal ist Nachsicht gefragt, manchmal Konfrontation, manchmal ist Nähe das Richtige, manchmal Distanz; unterschätzt zu werden, ist etwa gleich schädlich, wie überschätzt zu werden.

Es hängt vom Grad unserer Herzverletzungen beziehungsweise vom Grad des Geheilt-Seins ab, wie viel Mitgefühl und Liebe wir zur Verfügung haben.

MÄNNLICH UND WEIBLICH IM DASEIN

Männlich und weiblich im spirituellen Sein: Unsere spirituelle Essenz ist vollkommen. Sie vereint sowohl männlich als auch weiblich definierte Aspekte: Es gibt ein natürliches Verständnis, was als Yin (weiblich) bzw. als Yang (männlich) wahrgenommen wird.

Männliche Aspekte der Essenz: Sein, Stille, Klarheit, Wissen. Tendenzielle Qualitäten von Region 12.

Weibliche Aspekte der Essenz: warme Ausstrahlung von mütterlich wirkenden Qualitäten: Nähe, Hingabe, Mitgefühl, Verbundenheit, Empfänglichkeit. Tendenzielle Qualitäten von Region 10.

Männlich und weiblich im astralen Dasein: Hier herrscht Maskenball. Wesen wandeln ständig ihre Form und wählen manchmal auch einfach eine Maske, um bei anderen Wesen oder Menschen den erwünschten Erfolg zu erzielen.

Viele wollen kraftvoll und eindrücklich mächtig erscheinen und zeigen sich deshalb männlich, vielleicht auch mit glühenden Augen oder gefährlichen Waffen.

Wer verletzt und ängstlich ist oder zumindest diesen Eindruck erwecken möchte, zeigt sich klein, zart und mitleiderregend.

Männlich und weiblich im menschlichen Dasein: Wir leben, mit wenigen Ausnahmen, in einem geschlechtlich definierten Körper. (Genderfluid beispielsweise ist ein *Spiel* der satanistischen Elite, das uns glauben machen will, das Geschlecht sei nicht definiert und könne oder sollte, wenn nötig, mehrmals im Laufe des Lebens gewechselt werden.)

Männliche Qualitäten: Aktiv werden, entscheiden, handeln, sich durchsetzen, führen, fokussiert und sachlich Denken ...

Weibliche Qualitäten: Hingabe, Inspiration, mitfühlen, nähren, vorsorgen, vernetzen ...

Einen Idealzustand erreichen wir, wenn wir sowohl die männlichen als auch die weiblichen Aspekte geheilt und integriert haben. Dann können wir es wagen, zu lieben, Nähe zu erlauben und Anteil zu nehmen, denn Sachlichkeit und Unterscheidung stehen uns ebenso zur Verfügung wie die Kraft, uns abzugrenzen. Um ja sagen zu können, müssen wir auf unser Nein vertrauen können.

SPRACHE IM DASEIN

Sprache im spirituellen Sein: Geistwesen im spirituellen Raum benutzen keine verbale Sprache. Bewusstsein kommuniziert unmittelbar. Spirituelle Wahrnehmung erlaubt umfassende Kommunikation. Im spirituellen Raum wird uns niemand etwas erläutern. Es gibt dort nur Wesen, die Themen verwirklicht haben.

Wenn wir im spirituellen Raum etwas verstehen wollen, werden wir eins mit dem entsprechenden Bewusstsein und erfahren dadurch alles, was wir schon bereit sind, in uns wahrzunehmen. Es sind also keine Aussagen, die man versteht oder nicht glaubt, sondern wir werden zu dem, was uns interessiert und erlangen dadurch Erkenntnis. Die Kommunikation umfasst alles, was wir sind.

Im spirituellen Raum gibt es kein Wollen, deshalb auch kein Tun, deshalb auch kein Karma. Ein wahrhaftiger spiritueller Seins-Zustand wirkt ausschließlich durch Resonanz. Man verlässt seine Mitte nicht. Die wahrhaftige Bewusstseinsqualität gewährt allen ihren freien Willen, hat also keine Ego-Absicht.

Angenommen, wir betrachten einen Baum mit offenem Bewusstsein, nehmen liebevoll, vorbehaltlos, ohne theoretische Konzepte oder Vorwissen das Wesenhafte dieses Baumes wahr. Wir spüren, ob das *Baumwesen* glücklich, lebendig, kraftvoll, strahlend ist oder irritiert, geschwächt, kränklich etc.

Diese Art von Wahrnehmung unterscheidet sich sehr von einem instinkthaften, sinnlichen Herantasten mit persönlichen Empfindungen oder von der Wahrnehmung, wenn wir bereits wissen, dass der Baum von einem Käfer befallen ist oder zu wenig Wasser hat.

Hier geht es mir darum, die geistige Wahrnehmung zu beschreiben, die uns auch ohne Körper zur Verfügung steht. Eine offene spirituelle Wahrnehmung über die Regionen 10, 11 und 12 ist fähig, alle Aspekte eines Sachverhaltes, eines Wesens, einer Dimension etc. umfassend wahrzunehmen.

Versuchen wir, diese geistigen Wahrnehmungen sprachlich auszudrücken, wird der *Mind* die umfassenden, subtilen, nicht linearen Qualitäten verdichten. Dadurch gehen die meisten Qualitäten der geistigen Wahrnehmung wieder verloren.

Wer innere Erfahrungen sogleich wortreich beschreibt, zeigt, dass die spirituelle Dimension nicht erfahren wurde. Vielleicht war lediglich das Denken aktiv, doch es bestand kein Zugang zu den spirituellen Qualitäten.

Sprache bzw. verbale und nonverbale Kommunikation im astralen Dasein: Im astralen Raum wird manchmal mit Sprache kommuniziert, manchmal auch nicht. Um emotionale Inhalte wie Sehnsucht, Erwartungen, Kritik, Abwertung, Zorn etc. zu übertragen, werden keine Worte benötigt. Es ist die Energie, die ankommt – und der Empfänger fühlt sich beispielsweise beengt oder unwohl, angegriffen, überfärbt oder gar beschmutzt usw.

Im astralen Raum gibt es mitunter auch positive Einflussnahmen über Sprache. Geistige Wesen schalten sich manchmal in Momenten von Gefahr bei Menschen ein. Das tun sie oft durch Sprache, weil dies schnell und wirkungsvoll ist.

Wenn wir innerlich eine deutliche Stimme hören, die befiehlt: »Stopp!«, oder »Wach auf!«, oder »Schau nach vorn!«, dann werden wir das tun, ohne zuvor den Befehl in Zweifel zu ziehen. Genauso ist es gemeint. Es kann Leben retten!

Wesen, die auf diese Weise kommunizieren, sind im astralen Raum. Ich lasse mal dahingestellt, ob sich das eingreifende Wesen grundsätzlich im astralen Raum aufhält oder ob es ein spirituelles Wesen ist, das sich für diesen speziellen Moment im astralen Raum verdichtet hat, um eingreifen zu können. Beides ist möglich.

Andererseits gibt es auch negative Einflussnahmen vom astralen Raum. Manchmal werden den Menschen kleine verwirrende Sätze eingeflüstert wie: »Bist du sicher?«, »Das denkst du dir doch aus!«. Wir alle müssen lernen, mit solchen Einflussnahmen umzugehen, um nicht in ewigen Denkschlaufen zu enden. Wenn wir diese Varianten von Einflüsterungen meistern, werden wir uns auch zur Wehr setzen können, wenn wir aufgefordert werden, Leid oder gar Tod zu verursachen …

Sprache bzw. verbale und nonverbale Kommunikation im irdischen Dasein: Die sprachliche Entwicklung hat für uns Menschen eine sehr große Bedeutung. Sie ist Abbild einer Kultur. Deshalb öffnen wir mit dem Erlernen jeder neuen Sprache ein Fenster in eine andere Kultur und nehmen ein Stück weit wahr, wie anders jene Menschen die Welt erfahren.

Die Sprache reflektiert unser Denken. Wir merken rasch, ob jemand in groben Kategorien wie Schwarz oder Weiß, Gut oder Böse denkt oder ob jemand gelernt hat, genau zu beobachten, auszuwerten – oder sogar Weisheit erlangt hat. Sprache kann sehr differenziert und präzise sein. Da jede Sprache über eine bestimmte Anzahl an Wörtern verfügt, der Wortschatz zudem individuell verwendet wird, ist verbaler Ausdruck immer limitiert. Zugleich erleben wir, dass sich eine neue Fachsprache mit neuen Wörtern entwickelt oder bereits bestehende Wörter mit neuen Bedeutungsinhalten gefüllt werden. Das merken wir, wenn wir uns mit alten Schriften befassen und uns erst mit jener Kultur vertraut machen müssen, um diese zu verstehen.

Aus diesem Grunde werden wir stets differenzieren müssen, was jemand mit einem bestimmten Terminus meint. Besonders schwierig wird es bei Begriffen, die emotionsgeladen sind. Es lohnt sich beispielsweise sorgfältig über die individuelle, subjektorientierte Bedeutung nachzudenken, wenn über *Gott* gesprochen wird oder wenn jemand sagt: »Ich liebe dich.«

Parallel zur Pflege der verbalen Sprache sollten wir die Wahrnehmung für die nonverbale Kommunikation nicht vergessen. Da sind Körperhaltung, Gestik und Mimik, aber noch viel direkter kommunizieren wir mit unserem Energiefeld – in erster Linie mit dem Emotionalkörper.

Ob uns die energetische Erdung fehlt, ob wir stark oder schlecht abgegrenzt, liebevoll, weich oder stachlig sind – oder ob wir Lügen verbergen, merken Menschen jeden Alters sowie auch die Tiere unmittelbar.

Wer irdisch-menschliche Zusammenhänge und Erfahrungen nicht in Worte fassen kann, zeigt, dass er diese noch nicht verstanden hat. Ein Tagebuch zu führen ist deshalb in jedem Alter sehr entwicklungsfördernd.

KINDER IM DASEIN

Kinder im spirituellen Bereich: Im spirituellen Bereich gibt es keine Kinder. Wesen existieren, sie müssen nicht geboren werden, sie sind von Anfang an fähig und groß, wenn auch noch unerfahren.

Wer kindlich empfindet, abhängig ist von Betreuung, Zuwendung und Schutz, hat keinen Zugang zum spirituellen Bereich.

Kinder im astralen Bereich: Wenn Kinder sterben, die mit dem Kind-Sein identifiziert sind, bleiben sie häufig noch länger im kindlichen Zustand. Manche verweilen bei ihrer irdischen Familie und werden zusammen mit den Geschwistern älter.

Ein Wesen, das sich seiner Geistigkeit immer bewusst ist, wird den limitierenden kindlichen Körper nach dem Tod erleichtert abschütteln und sofort wieder *erwachsen*, also selbstbestimmt und frei sein.

Auch mittels geistiger Kommunikation können verstorbene Kinder schnell rehabilitiert werden, sodass sie wieder mit ihrer Erleuchtung in Kontakt kommen oder sich zumindest erwachsen, fähig und souverän erfahren.

Kinder im menschlichen Dasein: Kinder zu bekommen, eine Familie zu gründen, scheint für viele die Erfüllung ihres Menschenlebens. Das Thema Arterhaltung war vor allem bei früheren Kulturen existenziell.

Zurzeit (2020/21) ist gemäß meiner Wahrnehmung die weltweite Entvölkerung im vollen Gange: 500 Millionen Menschen scheinen dem Deep State, der Khasaren-Mafia, als Sklaven auszureichen. Dieses Ziel werden sie hoffentlich nicht erreichen, dennoch ist mit sehr hohen Sterberaten zu rechnen, auch ist die Fruchtbarkeit bereits stark eingeschränkt. Keine gute Zeit also, um eine Familie zu gründen.

Umso wichtiger wird es sein, sich um sein geistiges Erwachen zu kümmern. Menschen werden ein Bewusstsein der fünften Dimension (5D-Bewusstsein) benötigen, um ins neue Zeitalter zu gelangen.

Es gibt sie schon, jene Menschen, die Vorarbeit geleistet haben, mit oder ohne Familie. Für sie hat der Heils- und Bewusstseinsweg Priorität. Nur so kann planetare Transformation stattfinden, die für viele Planeten von großer Bedeutung ist. In dieser Zeit geht es nicht primär um eigene Kinder. Die neue Welt wird anders funktionieren als die von negativen Kräften dominierte alte Welt. Das Bewusstsein ist entscheidend dafür, ob man Teil davon sein wird oder nicht.

ETWAS BEWIRKEN IM DASEIN: KARMA

Etwas bewirken im spirituellen Bereich: Aus dem spirituellen Bewusstsein heraus bewirken wir etwas durch unser SEIN. Wer wirklich als spirituelles Wesen präsent sein kann, verfügt über großes Wissen und Verständnis und ist fähig, durch alles Karma, alle Lügen, Verstrickungen und Dogmen hindurch die spirituelle Essenz eines Wesens oder Menschen zu erkennen. Eine solche Begegnung kann sehr viel bewirken. *Der Blickkontakt mit einem vollendeten Meister kann Erleuchtung auslösen.*

Etwas bewirken im astralen Bereich: Hier wollen alle Wesen ihre Macht ausbauen und Dinge bewirken. Die meisten von ihnen sind Geistwesen, die in den astralen Ebenen wirken.

Doch es gibt auch Menschen, die über astrale Techniken verfügen:

- Wer in irgendeiner geistigen Weise Einfluss nimmt auf die Materie, (Gegenstände oder Körper) wirkt im Bereich von Ebene 7.

- Wer in irgendeiner Weise Emotionen und sexuelle Gefühle manipuliert, wirkt über Ebene 8.

- Wer Mittel und Wege findet, seine Macht auszuleben, um Menschen im Traum zu bedrohen, zu verängstigen oder Ähnliches, wirkt über Ebene 9.

All diese Handlungsweisen haben Karma zur Folge. Die Wesen werden längerfristig zu Opfern ihrer eigenen Handlungsweise.

Etwas bewirken als Mensch: Auf der Erde bewirken wir durch unser TUN. Wir nehmen Stellung, stehen für etwas ein, handeln … oder nehmen uns zurück. Egal, ob wir handeln oder nicht, es hat immer so genannt Gutes und so genannt Schlechtes zur Folge – und die verschiedensten Dinge entwickeln sich daraus.

Es besteht ein großer Unterschied zwischen Sein und Tun. Tun beruht auf Wollen. Um etwas zu wollen, müssen wir unsere Kraft bündeln, ein Ziel anstreben. Man vertritt eine Meinung, daraus entsteht eine Absicht und diese wiederum erzeugt einen Effekt. Man kann sich vorstellen, dass ein großes Pendel aus der Mitte geschoben wird, um dann mit gleicher Kraft wieder zurückzuschwingen, meist mit schmerzhaften Folgen für den Verursacher. Das nennt sich Karma.

Für sich selbst in Klarheit zu entscheiden, wie man sein Leben gestalten möchte, hat eine vollkommen andere Energie. Aber wer mit heftigen Emotionen und viel Ego-Kraft agiert, hat mit einem starken Echo zu rechnen.

Lernfortschritte im spirituellen Bereich: Es ist von essenzieller Bedeutung, vollkommen verwirklichten (erleuchteten) Wesen zu begegnen, entweder real oder im Geiste. Durch solche Vorbilder ist spirituelles Bewusstsein erfahrbar. Wir nehmen immer deutlicher wahr, wie sich innere Entspannung, Gelassenheit und Weisheit einstellt. Die Führung der spirituellen Essenz wird immer klarer - und es wird vielleicht sogar für den einen oder anderen der Tag kommen, wo das Schülerdasein ein Ende nimmt. *Alles kehrt zurück in die Natürlichkeit der höchsten Essenz.*

Lernfortschritte im astralen Bereich: Wer sich im astralen Raum entwickeln will, strebt nach mehr Macht. Das gilt sowohl für körperlose Wesen wie auch für inkarnierte Schamanen, Magier oder Heiler, welche magisch arbeiten. Sie wollen erfolgreich sein, bekommen vielleicht mit der Erfahrung auch mehr astrale Hilfe, entfernen sich aber mehr und mehr von der Ethik zugunsten von Macht. Magische Fähigkeiten verbessern zu wollen, führt immer weg von der Spiritualität. *Die Entscheidung, auf Magie zu verzichten, wäre der Schlüssel.*

Lernfortschritte im Leben: Hier im Leben fähiger zu werden, bedeutet, seine Werkzeuge zu optimieren und zu ergänzen und Wissen anzueignen. Mit mehr Erfahrung kommt mehr Durchblick für Planung und Organisation. Sozial- oder Führungskompetenzen werden geübt und die Menschen werden tragfähiger für mehr Verantwortung. In der Berufswelt wird das mit Beförderung belohnt, weil sich die Person als geeignet erwiesen hat, dem System umfassender zu dienen. In der bisherigen Welt lagen hinter den oberflächlichen Geschehnissen leider nur allzu oft Protektion, Schiebung, Korruption, Erpressung …

Menschen können viele lehrreiche Erfahrungen machen, wenn sie sich in unterschiedlichen Rollen und verschiedenen Hierarchiestufen erfahren. Die Vielfalt an Rollen kann den Entwicklungsprozess sehr bereichern. So zumindest wäre es in einer ethischen Welt.

WAS GESTRANDETE ENGEL
NOCH BEACHTEN SOLLTEN

Obwohl hier auf Erden die Armut dominiert und Millionen ums nackte Überleben kämpfen, wird in westlichen Ländern nach oberflächlichem Vergnügen und Luxus gestrebt. Spannend soll das Leben sein und abwechslungsreich. Der tägliche Einheitsbrei der Massenmedien genügt, um informiert zu sein. So bleibt Zeit, die neuesten Filme zu sehen, die neueste Musik zu kennen, die neueste Mode zu kaufen. Yoga wird primär als Fitness- und Antistressprogramm absolviert. Jede Minute wird verplant. Wo bleiben da Zeiträume, um sich an die grundsätzlichen Lebensfragen heranzutasten, um der inneren Leere zu begegnen?

Für Menschen, die mit dem subtilen Bewusstsein in Kontakt sind, ist die Stille des reinen *SEINS* in der Regel sehr erfüllend. Manchmal wenden sie sich *nach innen*, manchmal lenken sie die Wahrnehmung aber auch *nach außen*, um in Kontakt zu gehen mit dem Gesamtgeschehen oder mit anderen spirituellen Wesen.

Das Universum ist riesig. Manche Menschen kommen sich klein und unbedeutend vor in diesen Größenverhältnissen. Der Gedanke, sie könnten das Universum im Geiste bereisen, liegt ihnen fern.

Viele Menschen sind identifiziert mit ihrem Körper, mit Materie, Zeit und Raum und stellen sich deshalb häufig nur materielle Fragen zum Universum:

- Wie lange würde es dauern, um bei einem anderen Planeten anzukommen?

- Kann man dort überhaupt atmen?

- Wäre es nicht zu kalt oder zu heiß?

- Und was kostet ein Raumschiff überhaupt?

Nur die geistige Erfahrung gibt uns Gewissheit darüber, dass ein materieller Körper nicht die einzige Existenzvariante ist, dass man demzufolge zum Reisen in den Universen kein Raumschiff braucht.

Obwohl Robert Monroe (2005), der Gründer des Monroe-Instituts, seine Forschungsergebnisse in den 1980er-Jahren niedergeschrieben hat, sind sie noch längst nicht an die breite Öffentlichkeit gelangt. Die von Monroe beschriebene Technik war vor allem sinnvoll für Spezialkräfte des Militärs. In der von ihm gelehrten Technik zeigt er, wie man den ganzen Energiekörper auf Astralreise mitnimmt, um gezielt Einfluss nehmen zu können: Es werden militärische Anlagen ausspioniert, Systeme manipuliert oder Gegenkräfte ausgeschaltet. (Die militärischen Methoden sind heute weit ausgefeilter.) Wer jedoch die spirituelle Ausrichtung beibehalten möchte, wird rein spirituell reisen; hat kein Interesse an Waffensystemen, möchte auch nicht in astrale Gefangenschaft geraten!

Viele Menschen sind abgewertet und können nicht mehr aus sich selbst schöpfen. Sie tun, was man ihnen sagt oder sie kopieren andere. Sie glauben, dass sie nur das zur Verfügung haben, was man ihnen gegeben hat. Wer als Kind nicht (genügend) geliebt wurde, begründet damit oft ein Leben lang seine Unfähigkeit zu lieben. Wir sind aber durchaus fähig, uns selbst zu heilen! Ein spiritueller Weg bringt uns in Kontakt mit unserer Essenz – der Quelle der Liebe. In Kontakt mit dieser Essenz können wir heilen, und zwar in einem ganzheitlichen Sinn.

Bezüglich des Sterbens gibt es ebenfalls viele Missverständnisse. Am schlimmsten ist wohl der Glaube, man würde in seinen Kindern weiterleben. Wer hat diesen Unsinn bloß in die Welt gesetzt? Diese *Kinder* kommen zu mir in die Praxis und berichten, dass sie dauernd ihre verstorbenen Eltern im Nacken haben. Sie leiden unter körperlichen Schmerzen, fühlen sich emotional nicht mehr frei. Selbstverständlich können die Verstorbenen befreit werden, das ist meist nicht schwierig. Aber ich frage mich oft, wie viele Betroffene wohl niemanden haben, der ihnen diese Hilfe bieten könnte.

Auf der Erde zählt angelerntes Wissen, möglichst bestätigt durch ein entsprechendes Zertifikat. Personen mit viel Ego-Sicherheit gelangen in Führungspositionen: Entschiedenheit, Durchsetzungs- und Kampfwille sind erwünscht. Ethik ist oftmals nicht einmal zweitrangig, sondern allenfalls ein Wort mit Dekorationswert. Die Rendite muss stimmen. Die Vormachtstellung soll verstärkt werden. In der Geschäftswelt lautet die Behauptung stets: »Mein Produkt ist das Beste«. Dass dies nicht ohne Lüge funktioniert, dürfte klar sein. Die *normale* Korrumpierbarkeit einzelner Menschen reicht völlig aus, damit die Elite ihre Projekte zum Erfolg führen kann – in diesem Zusammenhang eine dringend empfohlene Lektüre: In »Bekenntnisse eines Economic Hitman« berichtet John Perkins (2006), wie Drittweltländer dazu gebracht werden, riesige Entwicklungskredite anzunehmen. Wo Regierungen nicht einwilligten, wurden Machthaber ermordet. Durch die finanzielle Abhängigkeit sind die Länder gezwungen, ihre Ressourcen freizugeben. So werden Urwälder abgeholzt, Gewässer verschmutzt, die Natur nachhaltig zerstört – diese Länder haben keine Chance bzw. hatten bisher keine Chance. Wir hoffen, dass sich jetzt vieles ändert.

ALLE WESEN SIND SPIRITUELLE WESEN

Alle existierenden Wesen stammen aus der Vollkommenheit, aus der spirituellen Quelle, dem Numinosen. Es ist ein großer Irrtum, anzunehmen, dass es dunkle Wesen gibt, die aus einer dunklen Quelle kommen. Es ist tatsächlich so: Der Ursprung ist für alle gleich.

Doch sehr wenige sind mit der spirituellen Vollkommenheit oder zumindest mit dem Wissen darüber in Kontakt. Zu viel ist geschehen, seit sie sich vom Numinosen getrennt haben.

Wir alle haben zwar freiwillig entschieden, am Schöpfungsspiel teilzunehmen, das kann aber Hunderte oder Tausende von Jahren vor der jetzigen Inkarnation geschehen sein. Zu einer Zeit, als wir noch frei genug waren zu wählen.

Erlebnisse tendieren dazu, Spuren zu hinterlassen. Häufig bleiben Bindungen, Verträge oder Anhaftungen bestehen, aber auch Emotionen wie Zorn, Eifersucht, Enttäuschung oder Trauer, wenn diese weder aufgearbeitet noch ausgesöhnt werden. Die Konditionierung oder gar Programmierung eines bestimmten Kulturkreises macht es nicht einfacher. All diese Erlebnisse verkleinern unser Bewusstsein.

Ich bin keineswegs der Meinung, dass alle Menschen alles wählen oder überhaupt wählen können – dies wäre zu schön. Wenn jemand beispielsweise die Wahl trifft, zu tauchen, wählt er damit nicht, dass er dabei einer hungrigen Moräne begegnet oder sich an einer scharfen Koralle verletzt. Diese Gefahren nimmt er in Kauf, wählt sie aber nicht. Vieles in unserer Inkarnation müssen wir in Kauf nehmen, als Begleiterscheinungen von Dingen, die wir uns wünschen.

Gewiss gibt es auch Wesen, die überstürzt inkarniert haben. Sie haben sich nicht die Mühe gemacht zu beobachten, um die Logik des Spiels des Lebens in einem Körper auf der Erde zu verstehen. Es braucht Erfahrung, um die Gegebenheiten und Gefahren auf Erden abschätzen zu können, und genau diese Erfahrung fehlt ihnen.

WESEN GEHEN DIE DINGE UNTERSCHIEDLICH AN

Wissbegierde, Abenteuerlust, Neugierde, aber auch der Wille, etwas zu verändern und zu verbessern, motivieren uns, an Spielen teilzunehmen. Dem *Spiel* Inkarnation nähern wir uns unterschiedlich. Einige schnuppern erst vorsichtig und werden nicht gleich aktiv. So wird die Erfahrung noch nicht gleich so heftig. Sie nähern sich den verschiedensten Situationen gewissermaßen auf Zehenspitzen. Andere haben vielleicht bereits schlechte Erfahrungen gemacht und können sich ausmalen, wie sich die Dinge anfühlen. Deshalb lassen sie sich nur zögernd auf neue Dinge ein. Wieder andere suchen die wirklich deftigen Erlebnisse. Daran ist natürlich nichts falsch. Es hat aber Konsequenzen, weil der Körper Schaden nimmt und auch weil geschädigte Spielpartner ziemlich unfreundlich werden können.

Hier auf Erden lernen wir also Verschiedenes kennen, probieren, loten aus, denn das liegt in unserer geistigen Natur. – Kein Wunder, wir haben uns aus der Vollendung in das verdichtete Spiel begeben, das alles andere als vollendet ist. Da wir die Wahrnehmung von *Vollendung* in uns tragen, werden wir immer Verbesserungen anstreben: Dinge sollen besser werden, größer, ästhetischer, schneller, lauter, süßer, glänzender, ekstatischer, verführerischer ... Wir wollen Neues erleben, das Erlebnis optimieren. Nur einfach vom Sprungturm ins Wasser zu tauchen, ist rasch langweilig. Bald werden Drehungen eingebaut, es wird synchron gesprungen, schon soll eine Jury die Sprünge benoten. So suchen wir immer neue Herausforderungen.

Die Konsequenzen

Unterschiedliches Vorgehen, unterschiedliche Erlebnisse: Es kann geschehen, dass wir uns so weit von der Spiritualität, von unserer innewohnenden Liebe und Ethik entfernen, dass wir die Übersicht verlieren. Schwimmbecken oder Vergnügungspark können wir wieder verlassen, wenn wir genug haben. Beim Schöpfungsspiel funktioniert das nicht. Wer einmal eingetaucht ist, soll hier im Rad von Wiedergeburt und Tod gefangen bleiben – so wollen es die Herrscher dieses Spiels. Mehr dazu in meinen umfassenderen Büchern.

Alles, was wir hier auf der Erde erleben, erscheint uns irgendwie klebriger zu sein als das, was wir vom geistigen Raum her kennen. Plötzlich stellen sich uns gegensätzliche Absichten in den Weg. Wir müssen uns anstrengen, manches gelingt dann zwar, vieles möglicherweise auch nicht oder zumindest nicht so, wie wir es wollen. Allmählich können wir nicht mehr alles auf die leichte Schulter nehmen. Wir ärgern uns, werden zornig, vielleicht denken wir sogar über Rache nach, wenn uns ein Gegenspieler austrickst. Und unversehens finden wir uns in dichter Emotionalität wieder.

Immer wieder steigen wir aus, beginnen ein neues Spiel, ohne das alte sauber abgeschlossen zu haben und hoffen dabei, dass es diesmal besser gelingen möge. Die vielen unbeendeten Dinge verdichten das Spiel jedoch zusätzlich. Wenn wir nicht lernen aufzuräumen, wird uns die Geschichte einholen. Unsere Gegner von früheren Schauplätzen verschwinden nicht einfach. Sie werden uns finden, auf der Erde oder im Astralraum. Diejenigen, die wir früher betrogen haben, werden eines Tages auftauchen und darauf pochen, dass die Schulden beglichen werden. Diejenigen, die wir in früheren Spielrunden nicht ernst genommen oder schlecht behandelt haben, werden uns in einer erneuten Begegnung nicht mehr vertrauen oder sich gar rächen. So wird alles zäher und heftiger werden. Ohne die Erinnerung an die Ereignisse der früheren Leben werden wir uns jedoch nur lautstark über die Ungerechtigkeit der Welt beklagen.

Es ist eine Binsenwahrheit, dass wir unsere Realität selbst erschaffen. Umso eindringlicher möchte ich betonen, dass wir nicht alles selbst kreiert haben, sondern dass es auch widrige Umstände gab, bei denen wir zur falschen Zeit am falschen Ort waren. *Es ist nicht alles Karma.* Dennoch ist es eine Tatsache, dass die anfänglich freien Spieler, die wir alle einst waren, in ihrem Unwissen um das Auflösen von Verhaftungen und Schuld mit der Zeit nur noch vom Leben herumgeschoben werden. Die Hilflosigkeit wächst, die Wut ebenfalls, bis wir irgendwann erschöpft sind und resigniert zusammenbrechen.

EINIGE VERSUCHEN SICH ZU ENTZIEHEN

Manche Menschen haben genug. Sie wollen nicht mehr wütend oder verzweifelt sein. Sie wollen den Schmerz nicht mehr fühlen und sehen keine andere Lösung als die Betäubung durch Medikamente, Alkohol oder Drogen. Sie stecken in schweren Krisen, weil sie die Orientierung verloren haben. Doch wer könnte helfen? Wer verfügt über das Wissen, welches die Saite der inneren Vollkommenheit wieder zum Klingen bringt? Es müsste ein anderer Engel sein. Draußen in der Welt erinnert sich kaum jemand an die großen spirituellen Wahrheiten. Wenn keine Orientierungshilfe gefunden wird, dreht sich die Spirale weiter nach unten in die Verdichtung.

Unser verzweifelter Engel wird sich bald in einer Umgebung von grob verdichteter Bewusstseinsqualität wiederfinden, in einer Umgebung, in der durch einen frustrierten, zornigen Solarplexus gelebt wird. Es ist keine positive Strahlkraft, die hier wirkt, sondern die Schattenseite davon. Sie verschafft sich mit Kraftwörtern Gehör, operiert mit Lügen und löst Konflikte auch mit Gewalt.

Der *gestrandete Engel* wird sich entsetzt fragen, wo er hingeraten sei. Im spirituellen Raum ist es weder möglich noch nötig, andere zu belügen. Es kann nichts versteckt werden, alles ist transparent. Es geht nicht um Sachfragen, nicht um Projekte und so müssen auch keine versteckten Strategien gefahren werden. Die Kommunikation ist ganzheitlich und hat nur ein einziges Ziel: zu verstehen.

LIEBER ENGEL, BITTE DURCHSCHAUE, WIE ES AUF ERDEN LÄUFT

Auf der Erde muss jeder Einzelne primär sein eigenes Überleben sichern. Das Thema lautet: *Sein oder Nichtsein*:

- Um hier einen Körper am Leben zu erhalten, ist es notwendig, dass wir einen gewissen Egoismus leben und für unsere eigene Sicherheit sorgen.

- Auf das gesprochene Wort ist kaum Verlass. Je nach Kultur werden Floskeln verwendet, die auf codierte Weise etwas ganz Bestimmtes aussagen. Zudem muss immer in Betracht gezogen werden, dass jemand lügt.

- Mit einem bestimmten Begriff werden oft ganz unterschiedliche Dinge assoziiert. Das führt zu Missverständnissen und macht die Kommunikation sehr schwierig.

- In dieser Welt kann man sich auf nichts verlassen, außer auf die Tatsache, dass wir irgendwann sterben werden.

- Die Menschen, die wir hier treffen, tragen mit großer Wahrscheinlichkeit eine Tragödie mit sich rum. Da ihnen der Überblick fehlt und sie keine geeigneten Mittel kennen, um ihre Probleme zu lösen, drehen sie oft hilflos in ihren Emotionen, bis sie verzweifeln. – Sie brauchen unser Mitgefühl, sind aber ihrerseits nicht in der Lage, einem verwirrten Engel beizustehen.

NIE MEHR ...

Viele *gestrandete Engel* wissen zwar, dass sie hier auf der Erde nicht mehr inkarnieren möchten, sie haben jedoch keine Ahnung, wie schwierig es ist, diese Freiheit zu erreichen. Dass Jesus für unsere Sünden gestorben sei und wir deshalb bereits frei seien, ist ein Bekenntnis, das uns mehr schadet als nützt. Wenn wir uns darauf verlassen, glauben wir, uns nicht mehr anstrengen zu müssen. Dem ist nicht so. Wir müssen uns selbst auf die Suche machen.

Es gibt keine Erfolgsgarantie für den Ausstieg aus dem Rad von Wiedergeburt und Tod, auch wenn von esoterischen Kreisen gerne herbeigeredet und unermüdlich wiederholt wird: »Alles wird gut!« Für viele geistige Wesen endet es böse – im totalen Vergessen der geistigen Herkunft. *Frei zu werden, ist keine Selbstverständlichkeit.*

Solange wir noch nicht wissen, wie wir die Lügen und Täuschungsmanöver der astralen Wesen knacken können, haben wir keine Chance, nach dem Tod den astralen Raum hinter uns zu lassen. Karmische Bindungen gehören gelöst, sonst werden wir immer wieder in einen Körper gezogen werden.

IM ASTRALEN BEREICH ...

In die astralen Universen gelangen wir entweder in Träumen (auch in Tagträumen oder illusionären Meditationen) oder nach dem Tod.

Obwohl der physische Körper entweder schlafend im Bett oder schon im Grab liegt, glauben wir während unserer Astralreisen an die körperliche Realität, weil wir nichts anderes gelernt haben. Auch die uns umgebenden Dinge erscheinen uns materiell.

Die astralen Ebenen sind in nichts heiliger
als das Leben hier auf Erden.

Manches mag sich für Verstorbene für eine Weile gut anfühlen, vor allem, wenn jemand einen leidenden Körper hinter sich lassen konnte. Aber es wird auch im astralen Bereich gelogen, betrogen, manipuliert, unterdrückt. Das ganze Geschehen tendiert dazu, sich weiter und weiter zu verdichten und zu vergröbern.

Im Weiteren wird sexuelle Begierde auf alle erdenklichen Weisen ausgelebt – zimperlich ist hier niemand.

Wesen versuchen sowohl in Träumen als auch nach dem Tod jene Dinge abzuschließen, die sie in der materiellen Realität nicht zu Ende gebracht haben. Wenn ihre Wut groß genug ist, werden sie im astralen Bereich sogar *morden*. Aber Geistwesen sind *unsterblich*. Sie stehen wieder auf und schlagen zurück. Auf diese Weise dauert Verfolgung endlos. Der Hass wird immer größer, genährt von der Frustration, dass der Gegner nicht zu besiegen ist.

Wir können lernen, in den astralen Ebenen wach zu sein. In der Regel stärkt die spirituelle Meditation die Fähigkeit, während des Traumes den Traum zu erkennen (luzides Träumen). Sobald wir diese Fähigkeit im Traum anwenden können, wird es uns möglich, frei zu agieren oder uns einem unangenehmen Geschehen zu entziehen. Da im Traum die Schwerkraft nicht zwingend ist, können wir fliegen. Vielleicht wissen wir auch um die Fähigkeit, unsere Form nach Belieben zu verändern. (Mehr darüber in meinem zweiten Buch (2013) »Erleuchtung ist erreichbar«.)

Wohlgemerkt: Obwohl all diese Dinge ohne Körper geschehen, haben sie nichts mit Spiritualität zu tun.

AB UND ZU GESCHIEHT EIN WUNDER

Ganz selten zwar, aber immerhin ist es möglich – *Wunder geschehen!* Wenn ein Wesen Einsicht hat und Reue für sein Handeln empfindet, kann ein Wunder geschehen. In tiefem Bedauern bittet es seine Opfer um Vergebung. Seinerseits verzeiht es, was ihm angetan wurde, und das Wesen lässt so die destruktiven Emotionen hinter sich. *Dies ist ein unvorstellbar wichtiger Durchbruch.*

Nach solcher Einsicht verfeinert sich die Bewusstseinsfrequenz eines Wesens. Das ist die Bedingung dafür, dass sich die Wahrnehmung für die spirituellen Universen öffnen kann. Nur wenn dieser Durchbruch gelingt, können andere spirituelle Wesen kontaktiert werden. Die Schwingung eines hassenden Wesens ist zu grob, als dass Subtiles wahrgenommen werden könnte.

UM AUCH DAS POSITIVE ZU ERWÄHNEN

Ich habe hier fast ausschließlich von den negativen Aspekten geschrieben, welche *gestrandete Engel* auf der Erde erwarten. Dies in der Hoffnung, allen *gestrandeten Engeln* Schmerz und Enttäuschung zu ersparen.

Selbstverständlich gibt es auch wunderbar reife, liebevolle, ethisch verantwortungsvolle Menschen auf unserer Welt. Ihre positiven Eigenschaften oder Charakterzüge sind entweder das Resultat ernsthafter innerer Arbeit oder einer geradlinigen Ausrichtung.

Oder es sind Neuankömmlinge, deren Bewusstsein noch nicht verdunkelt ist und die es geschafft haben, sich auf der Erde zurechtzufinden. Siehst du in die Augen dieser Menschen, wirst du diese Qualitäten leicht erkennen. Solche Menschen sind allerdings selten in unserer Ego-Spaß-Gesellschaft.

Unserer Erde stehen große Herausforderungen bevor. Ich wünschte mir, dass mehr und mehr Wesen das gesamte Spiel von der dichtesten Materie über die astralen Realitäten bis hin zur reinsten Spiritualität durchschauten, sodass sie sich frei bewegten und zurechtfänden.

Es ist höchste Zeit,
in die Geistigkeit zu erwachen!

GUTEN MORGEN!
ÜBUNG ZUM TAGESANFANG

Meist sind die Neuankömmlinge nicht ganz inkarniert und versuchen, ihren Körper gewissermaßen von Ferne zu steuern. So zu leben, ist ziemlich anstrengend. Der Körper leidet darunter. Die Gesundheit kann Schaden nehmen.

Wenn ich am Morgen erwache, komme ich meist von weit her. Der Körper kommt mir vor, als wäre er eine polymorphe Masse, eingehüllt in ein Nachthemd. Ich stelle jetzt als Erstes fest: *»Ah, hier ist die Welt, hier wartet mein Körper, mein Leben ...«*

Gleich anschließend gehe ich nochmals dorthin zurück, wo ich vor Kurzem noch war. Meist verbringe ich die Nächte in spirituellem Bewusstsein, in den Regionen 10, 11 oder 12. Manchmal bin ich auch stundenlang im Numinosen.

Ich hole mir die letzten süßen Erinnerungen zurück, schmiege mich noch einige Minuten dort an und genieße nochmals kurz die spirituelle Freiheit, in der ich die Nacht verbracht habe.

Dann *schließe* ich diese Tür bewusst und wende meinen Blick meinem irdischen Leben zu. Langsam schlüpfe ich durch die Schädeldecke wieder in meinen Körper und begrüße alle Zellen. Mit meiner ganzen Liebe lächle ich ihnen entgegen: »Hallo, hallo, aufwachen, ich bin wieder da, der Tag beginnt.« Ich reise durch meinen Körper bis zu den Füßen, bis alle Zellen mir trillionenfach entgegenlächeln.

Jetzt sind es meine Zellen, die mir den Impuls geben, aufzustehen. Das ist wesentlich angenehmer, als wenn ich die polymorphe Masse selbst aus dem Bett hieven müsste. Es sind die Zellen, die mich zur Kaffeemaschine tragen. Der Kaffee hilft mir, mich vollständig zu inkarnieren und den Tag zu konfrontieren.

Genauso gut kann es auch die Dusche sein, ein paar Dehnübungen oder was dir sonst lieb ist.

Du kannst dir einen großen Gefallen tun, wenn du den Tag auf diese Weise sorgfältig beginnst. Liebe deinen Körper, liebe das Leben.

SEI AM TAG MENSCH UND NACHTS ENGEL!

Ich bin überzeugt, dass unsere Sternengeschwister da draußen längst darauf warten, dass wir mit ihnen in Kontakt treten. Das gelingt aber nur, wenn wir emotional ruhig sind. Und dies wiederum gelingt nur, wenn wir die Welt verstehen und unsere Energie nicht für Unwichtiges verschwenden.

Auf diese Weise zentriert, werden wir über das Menschsein hinauswachsen, Verbindungen herstellen zu anderen geistigen Wesen und dabei erfahren und lernen, wer wir wirklich sind.

LITERATUR

Begich, N., & Manning, J. (1995). *Angels Don't Play This HAARP: Advances in Tesla Technology*. Earthpulse Press.

Gilliland, J. (2021). *About James Gilliland*. ECTI: Enlightened Contact with Extraterrestrial Intelligence Lahar Foundation. Abgerufen am 2. November 2021 von https://www.eceti.org/about-james-gilliland.html

Greer, S. M. (2013). *Disclosure: Military and Government Witnesses Reveal the Greatest Secrets in Modern History*. Crossing Point.

Huber, R. (2013). *Erleuchtung ist erreichbar: Praktische Schritte*. Ruth Huber.

Huber, R. (2014). *Rückerinnerung: Bewusstsein gewinnt, wer sich erinnert* (2. Auflage). Ruth Huber.

Huber, R. (2020). *Spiritualität: Frei im Geist – Frei im Leben*. (2. Auflage). Ruth Huber.

Mack, J. E. (2010). *Passport to the Cosmos: Human Transformation and Alien Encounters*. (Commemorative Edition). White Crow Books.

Monroe, R. A. (2005). *Der Mann mit den zwei Leben: Reisen außerhalb des Körpers*. Heyne.

Perkins, J. (2016). *Bekenntnisse eines Economic Hit Man: Unterwegs im Dienst der Wirtschaftsmafia* (Erweiterte Neuausgabe). Goldmann.

Von Däniken, E. (2006). *Tomy und der Planet der Lügen: Der Bericht einer unmöglichen Begegnung, die sich nur einen Nano-Millimeter neben unserem Alltag abspielte*. Kopp.

Wood, J. D. (2010). *Where Did the Towers Go? Evidence of Directed Free-energy Technology on 9/11.* The New Investigation.

Wilcock, D. (2012). *Die Urfeld-Forschungen: Wissenschaftliche Fakten belegen Weisheitslehren.* Kopp.

GLOSSAR

Alles aus geistiger Ebene ist schwer zu beschreiben. Zugleich weckt jedes verwendete Wort Assoziationen, oftmals bleiben wir auch gerne bei einer Begrifflichkeit stecken, das wird dann schnell eng und limitiert.

Akasha-Chronik: Im geistigen Raum, man mag dies *Akasha-Chronik* nennen, sind alle Geschehnisse, Gedanken, Emotionen aus allen Zeiten vorhanden und können kontaktiert werden, unabhängig davon, ob sie persönlich oder kollektiv sind.

Bereiche: Bereiche, Ebenen, Qualitäten, Räume, Regionen, Sphären, Stufen, Universen: Diese Begriffe verwende ich zum Teil synonym. Sie beschreiben, was man auf einer bestimmten Frequenzebene kontaktieren oder wahrnehmen kann; dennoch wecken sie unterschiedliche Assoziationen. Mit Ebenen hebe ich beispielsweise hervor, dass die Frequenz schrittweise ansteigt oder absinkt; mit Universen betone ich das Grenzenlose, die Unendlichkeit etc.

Engel: Als *Engel* bezeichne ich symbolhaft und meist mit einem Augenzwinkern freie spirituelle Wesen. Engel als gesonderte Gattung gibt es nicht. Es sind Wesen wie wir alle auch. Es gibt die freien ethisch spirituellen Wesen und die abgewerteten, verletzten, programmierten Wesen. Es gibt Wesen, die sich um Verbesserung bemühen und Wesen, die ihre Destruktivität unterdrückerisch ausleben.

Welche Wesen sich bei den Menschen zeigen, das hängt von deren Fragestellungen ab! Wer um irdische Belange bittet (Gesundheit, Reichtum, Gelingen eines Projektes etc.), wird immer an astrale Engel gelangen. Nur die astralen Wesen lassen sich dafür einspannen, denn sie verfolgen weiterhin ihre eigenen Interessen.

Spirituelle Wesen stehen den Menschen orientierend zur Seite. Sie greifen nicht ein, wenn jemand verzweifelt oder angstvoll um Orientierung bittet, sondern repräsentieren innere Ordnung, spirituelle Weisheit, Überblick, Ethik. Im Kontakt mit ihnen wird ein verzweifelter Mensch wieder ruhiger, kann sich neu orientieren und wird seine eigenen Lösungen finden.

Die Engel, die von Esoterikern verehrt, angebetet oder um einen Gefallen gebeten werden, sind meiner Wahrnehmung nach einfach körperlose, mehr oder weniger freie, auf jeden Fall unerleuchtete Wesen (meist
unerlöste Verstorbene) im astralen Raum. Sie zeigen sich wahlweise
lichtvoll oder dunkel, denn sie sind im astralen Raum – und Astralwesen
sind immer launisch. Auf Unerleuchtete kann man sich nicht wirklich
verlassen, egal ob sie einen Körper haben oder nicht. Häufig werden sie
von Emotionen regiert und die machen unberechenbar. Sich mit diesen
Wesen zu umgeben, hält die Menschen in einer kindlichen Qualität –
weit entfernt von spiritueller Souveränität.

5D-Bewusstsein: Die neue Welt, welche nach der großen Transformation verwirklicht wird, richtet sich nach dem 5D-Bewusstsein aus.
Gemäß meiner Wahrnehmung entspricht das Bewusstsein der fünften Dimension weitgehend den von mir beschriebenen spirituellen Qualitäten
in Region 10. Sie sind jedoch nicht vollkommen identisch, da sie dem
Leben im Körper angepasst sind. Region 10 dagegen bleibt immer ein
Stück des *Himmels* und steht somit außerhalb der Körperlichkeit.

Wer in der Bewusstseinsqualität von Region 10 ist, erlangt großes
Mitgefühl und umfassende Hellsichtigkeit für die Bewusstseinsqualität
anderer Wesen. Man begegnet deren Sein mit umfassender Liebe, und da
alle von der gleichen Quelle kommen, werden alle als Brüder und
Schwestern betrachtet. Das Tun der Menschen wird nicht beurteilt, allen
wird der freie Wille zugestanden. Dies ist natürlich nur möglich, solange
man reine Geistigkeit lebt und keine irdische Lebensgrundlage plant.

Auch mit 5D-Bewusstsein sind wir im vollen Kontakt mit unserer
spirituellen Essenz. Die telepathische Kommunikation mit Wesen im spirituellen Raum ist uns selbstverständlich. Wir überblicken die großen
Zusammenhänge. Es wird ein strenger ethischer Maßstab angewendet,
um das Wohl von allen und allem zu berücksichtigen.

In der neuen Welt werden Rendite-Projekte, welche das Wasser ver-
schmutzen oder einem Naturvolk die Lebensgrundlage entziehen, keine
Chance mehr haben. Genauso wenig dürften weiterhin teure und verfüh-
rerisch aufgemachte Nahrungsmittel hergestellt werden, welche die Gesundheit schädigen, die Hormone beeinflussen etc. In der neuen Welt
werden beispielsweise Produkte für Kinder strengsten Prüfkriterien

unterliegen, um Programmierungen auszuschließen, um Werte aufzubauen, statt wie bisher zu zerstören werden. Wer mit Qualitäten von 5D im Kontakt ist, verfügt über einen klaren Kompass für umfassende Ethik.

Die Welt und die Weltbevölkerung befinden sich im Moment größtenteils in 3D. Dadurch, dass die Menschen weltweit von Satanisten unterdrückt und als Sklaven gehalten wurden sowie jede Möglichkeit zur Bewusstseinserhöhung konsequent unterdrückt und ausgemerzt wurde.

Im Internet sind viele Aussagen darüber zu finden, dass Menschen, die einer spirituellen Ausrichtung folgen, die vierte Dimension überspringen können. Doch ich habe mich mit dem direkten Bewusstseinssprung in die fünfte Dimension nicht näher befasst.

Gestrandete Engel: Alle Menschen oder Wesen, denen die geistige Welt vertrauter ist als das irdische Leben. Wesen, die nur wenige Inkarnationen hinter sich haben oder vielleicht sogar zum ersten Mal in einem biologischen Körper inkarniert sind und denen es schwerfällt, die irdischen Regeln zu verstehen. Genau genommen sind wir alle *gestrandete Engel*, denn wir sind alle irgendwann von außen hier auf die Erde gekommen und haben vergessen, wer wir wirklich sind.

Himmel: Als *Himmel* bezeichne ich symbolhaft die spirituellen Regionen 10–14 im Gegensatz zu den astralen Ebenen 7–9.

Spirituell, Spiritualität: Beide Begriffe verwende ich nur für Aspekte und Qualitäten, die nicht durch Irdisches, Karmisches oder Menschliches gebunden sind.

Stufenmodell geistiger Entwicklung: Mein *Stufenmodell geistiger Entwicklung* integriert das Chakra-System und gliedert die Bewusstseinsfrequenzen in persönliche, astrale und spirituelle Ebenen. Mit dem Modell zeige ich auf, dass jedes der persönlichen Chakren von 1 bis 6 ein Äquivalent im geistigen Raum hat.

ÜBER DIE AUTORIN

Ruth Huber, geboren 1950 in Zürich, ist Lehrerin für geistige Bewusstseinsentwicklung, Therapeutin und Autorin. Sie lehrt und schreibt aus der Perspektive einer Forscherin und Mystikerin, die ihr Leben der geistigen Befreiung gewidmet hat.

Ihre Bücher vermitteln eine neue Sicht auf die Stufen oder Ebenen des Bewusstseins sowie auf die Voraussetzungen für spirituelles Erwachen. Bereits 2002, mit der Erstauflage von »Rückerinnerung. Bewusstsein erlangt, wer sich erinnert«, legte Ruth Huber ein *Stufenmodell geistiger Entwicklung* in leicht verständlicher Form dar. Ihr Modell integriert das Chakra-System und gliedert die Bewusstseinsstufen in persönliche, astrale und spirituelle Ebenen.

Für Ruth Huber ist unauslöschlich klar, dass wir alle aus dem vollendeten Bewusstsein kommen – und mit unserer erleuchteten Essenz wieder in Kontakt kommen können. Wir tragen alle das Potenzial dieser Vollkommenheit in uns. Wir alle haben schon existiert, lange bevor wir auf der Erde inkarniert haben. Wir haben uns mehr oder weniger mit dem Menschsein identifiziert und nicht nur die geistige Herkunft vergessen, sondern auch unser Zusammensein mit den Wesen in den unendlichen Weiten des Universums.

Wer sein Potenzial verwirklicht und sich wieder als geistiges Wesen erfährt, wird auch wieder mit den Sternengeschwistern kommunizieren können. Manche Sternengeschwister warten schon lange auf unser Erwachen.

Ruth Huber ist eine anerkannte Lehrerin auf dem Weg zur geistigen Befreiung, die sich nicht davor scheut, Mythen, Pseudo-Fakten und Halbwahrheiten zu entlarven. Ihre Bücher beruhen auf eigener Forschung, eigenen Erfahrungen sowie auf der geistigen Arbeit mit Schülern, Klienten, Verstorbenen und der telepathischen Arbeit mit Geistwesen.

Wahre Spiritualität, so lehrt Ruth Huber, bedeutet fähig sein im Leben und frei im Geist.

www.ruth-huber.ch

WEGE ZUR GEISTIGEN FREIHEIT

Schritt für Schritt erläutert uns Ruth Huber die Stufen geistiger Freiheit. Wir erkennen, woher wir kommen, wer wir wirklich sind und wie die Rückkehr in die geistige Freiheit gelingen kann.

Bewusstwerdung ist möglich. Das geistige Potenzial liegt in uns und will geweckt werden. Ein praxisnahes Lehrbuch, das uns kraftvolle Orientierung bietet auf dem Weg zur Erleuchtung.

254 Seiten, broschiert

ISBN
Paperback: 978-3-9522513-4-8
E-Book: 978-3-9522513-8-0

230 Seiten, broschiert

ISBN
Paperback: 978-3-9522513-2-4
E-Book: 978-3-9522513-6-4

www.ruth-huber.ch

SPIRITUALITÄT
FÄHIG IM LEBEN – FREI IM GEIST

Wann ist Meditation reine Zeitverschwendung?
Wie werden Chakren geheilt? Wie wird Karma aufgelöst?
Was sind astrale Widersacher und wie kann man ihnen begegnen?
Wie befreit man sich aus dem Gefängnis der Wiedergeburt?

Ruth Huber liefert fundierte Ant-
worten mit zahlreichen Beispielen
und praktischen Anweisungen. Sie
vermittelt auch, dass die Voraussetzung für spirituelles Erwachen
ein wacher, kritischer und intelli-
genter Geist ist.

SPIRITUALITÄT

FÄHIG IM LEBEN –

FREI IM GEIST

RUTH HUBER

454 Seiten,
broschiert

ISBN
Paperback: 978-3-9524816-2-2
E-Book: 978-3-9524816-3-9

www.ruth-huber.ch